Markert

KÖNIGS ERLÄUTERUNGEN

Band 39

Textanalyse und Interpretation zu

William Shakespeare

HAMLET

Norbert Timm

Alle erforderlichen Infos für Abitur, Matura, Klausur und Referat plus Musteraufgaben mit Lösungsansätzen

Zitierte Ausgabe:
William Shakespeare: *Hamlet*. Hrsg. von Holger Klein. Stuttgart: Reclam, 1993 (Universal-Bibliothek Nr. 9292).

Über den Autor dieser Erläuterung:
Norbert Timm, geboren 1939, Studium der Anglistik, Geschichte und Publizistik in Münster; Schuldienst, 1975 Studienrat, 1979 Oberstudienrat, 1994 Studiendirektor; Lange Jahre in der Lehrerfortbildung tätig; 1991–93 Vorstandsmitglied der Deutschen Shakespeare-Gesellschaft Weimar; Veröffentlichungen besonders zu Shakespeare.

1. Auflage 2012
ISBN 978-3-8044-1968-1
PDF: 978-3-8044-5968-7, EPUB: 978-3-8044-6968-6

Titelabbildung: Laurence Olivier als Prinz Hamlet in der Verfilmung GB 1948

Druck und Weiterverarbeitung: Tiskárna Akcent, Vimperk

1. DAS WICHTIGSTE AUF EINEN BLICK – SCHNELLÜBERSICHT

Damit sich jeder Leser in unserem Band rasch zurechtfindet und das für ihn Interessante gleich entdeckt, hier eine Übersicht.

Im 2. Kapitel beschreiben wir **Shakespeares Leben** und stellen den **zeitgeschichtlichen Hintergrund** dar.

➪ S. 10 ff.

→ William Shakespeare lebte von **1564 bis 1616**, seine beiden wichtigsten Aufenthaltsorte waren **Stratford-upon-Avon** und **London**.

➪ S. 14 ff.

→ Seine Zeit wird das **Elisabethanische Zeitalter** (1558–1603) genannt, weil mit Elizabeth I. (1533–1603) eine große Persönlichkeit in England regierte. Ihr Titel lautete: Königin von England und Irland. Während ihrer Regentschaft erlebte das Land eine große kulturelle Blüte.

→ Die letzten Schaffensjahre William Shakespeares fielen in die Regierungszeit James I. von England (James VI. von Schottland). James beerbte die unverheiratete und kinderlose Elizabeth. Er war insofern der legitime Nachfolger, als er ein Urenkel von Margaret Tudor war. James war Sohn der berühmten Gegenspielerin von Elizabeth I., Mary Stuart, Königin von Schottland, die trotz der religiösen Neuorientierung Katholikin geblieben war. Sein Vater war Lord Darnley. Sein Titel lautete: König von Großbritannien und Irland.

➪ S.12, 23

→ *Hamlet*, eine der großen Tragödien Shakespeares, entstand um 1600.

→ Erste belegte Aufführung im Juli 1602 in London.

Im 3. Kapitel wird eine **Textanalyse und -interpretation** angeboten.

Hamlet – Entstehung und Quellen:

Hamlet beruht höchstwahrscheinlich auf zwei Quellen:

⇨ S. 26 ff.

- → Zum ersten bezieht Shakespeare sich wohl auf die Geschichte von *Amlethus, Prinz von Dänemark*, die in der *Historia Danica* des Saxo Grammaticus auf Latein erschienen war, die 1514 erstmals gedruckt wurde.
- → Möglicherweise konnte er zweitens auf einen sog. *Ur-Hamlet* zurückgreifen, der wohl in den 1590er-Jahren in London aufgeführt, aber nie als Text publiziert worden ist und daher wissenschaftlich nicht nachweisbar ist.

Inhalt:

Das Drama umfasst fünf Akte.

⇨ S. 30 ff.

Hamlets Vater, der König von Dänemark, ist tot. Als Geist erscheint er Hamlet und eröffnet ihm, dass er von seinem Bruder Claudius vergiftet worden ist und fordert nun von Hamlet, ihn zu rächen. Claudius hat inzwischen den Thron bestiegen und Hamlets Mutter geheiratet.

Um herauszufinden, ob der Geist die Wahrheit sagt und um seine Pläne besser verfolgen zu können, gibt Hamlet vor, wahnsinnig zu sein. Mithilfe eines Theaterstückes, das die Ermordung von Hamlets Vater wiedergibt, überführt er den König. Während eines anschließenden Gesprächs mit seiner Mutter ersticht Hamlet den heimlich lauschenden Hofsekretär Polonius. Dessen Tochter Ophelia, die gleichzeitig die Geliebte Hamlets ist, verfällt daraufhin dem Wahnsinn und ertrinkt in einem Bach. Polonius' Sohn Laertes will den Tod seines Vaters und seiner Schwester rächen. Claudius und Laertes schmieden einen Plan, um Hamlet zu beseitigen: In einem Degenduell versucht Laertes, Hamlet mit einer vergifteten

Degenspitze tödlich zu verwunden. Der Versuch gelingt, aber auch Laertes und die Königin kommen ums Leben. Hamlet tötet seinen Onkel, bevor er selbst stirbt.

Chronologie und Schauplätze:

➪ S. 46

Das fünfaktige Drama spielt sich innerhalb einiger Wochen ab. Der Schauplatz ist überwiegend das Schloss Elsinore in Helsingör (Dänemark), eine Szene spielt an der dänische Küste (IV, 4), eine auf einem Friedhof im Dorf (V, 1).

Personen:

Die Hauptpersonen sind

➪ S. 51 ff.

Hamlet

→ melancholisch, nachdenklich, gebildet
→ gibt vor, wahnsinnig zu sein
→ zögerlich, aber manchmal auch unbeherrscht

➪ S. 55

Claudius

→ machtbesessen
→ argwöhnisch und gerissen
→ hinterlistig

➪ S. 56

Gertrude

→ besorgt um Hamlet
→ standesbewusst

➪ S. 59

Polonius

→ pflichtbewusst und unterwürfig als Berater
→ als Vater misstrauisch
→ schwatzhaft

Laertes ⇨ S. 60

→ als Student strebsam
→ angepasst
→ einfühlsam als Bruder

Ophelia ⇨ S. 61

→ gehorsam
→ verliebt in Hamlet
→ wird wahnsinnig und begeht Selbstmord

Horatio ⇨ S. 62

→ bester Freund Hamlets
→ loyal
→ realistisch

Diese Personen werden später noch ausführlich vorgestellt.

Stil und Sprache Shakespeares:

→ Blankvers (jambic pentameter) ⇨ S. 72 ff.
→ Prosa und Vers haben eine feste Verankerung in der Dramenstruktur
→ Bedeutende Monologe
→ Wortneuschöpfungen

Interpretationsansätze:

→ Der politische Ansatz – Claudius, der Machtpolitiker ⇨ S. 78 ff.
→ Hamlets „antic disposition" – Wahnsinn als Waffe?
→ Hamlet und der Ödipuskomplex
→ Der feministische Ansatz

William Shakespeare 1564–1616 © Wikipedia

2. WILLIAM SHAKESPEARE: LEBEN UND WERK

2.1 Biografie[1]

JAHR	ORT	EREIGNIS	ALTER
26. 4. 1564	Stratford-upon-Avon	Taufe Shakespeares laut Taufregister; William Shakespeare wurde wahrscheinlich am 23. April geboren; sein Vater hieß John Shakespeare, seine Mutter war Mary Arden. Johns Beruf war Handschuhmacher, später wurde er Bürgermeister der Stadt Stratford.	
ca. 1570–1581	Stratford	Shakespeares Schulzeit; man vermutet, dass William die Grammar School besuchte. Einzelheiten sind nicht bekannt. William lernte wohl Latein, aber nicht Griechisch, daher stammen seine Kenntnisse lateinischer Poeten, besonders Plautus' und Senecas.	6–17
27. 11. 1582	Temple Grafton	William heiratet die acht Jahre ältere Anne Hathaway. Von Anne ist ansonsten nichts bekannt.	18
26. 5. 1583	Stratford	Tochter Susanna wird getauft.	19
2. 2. 1585	Stratford	Die Zwillinge Judith und Hamnet werden getauft.	21
ca. 1585–1592	unbekannt	Über diese sieben „lost years" im Leben Shakespeares ist fast nichts bekannt.	21–27
ca. 1589–1591	London	*Henry VI* Teil 1, 2, 3	25/26
bis 1592	London	Shakespeare hat in der Londoner Theaterwelt große Bedeutung erlangt.	28

---

1 Bei den Jahreszahlen kann es sich aufgrund der schwierigen Quellenlage oft nur um ungefähre Angaben handeln. Es gibt kein einziges historisches Dokument zu Shakespeares schriftstellerischem Schaffen.

JAHR	ORT	EREIGNIS	ALTER
1592–1593	London	*Richard III* wird von Francis Meres[2] 1598 in seinem Werk *Palladis Tamia* erwähnt; erste Vorstellung am 30. Dezember 1593.	28/29
1593–1594	London	*Taming of the Shrew* (*Der Widerspenstigen Zähmung*) wird am 13. Juni 1594 zum ersten Mal aufgeführt, aber erst in der Folio-Ausgabe von 1623 gedruckt.	29/30
1594–1595	London	*Love's Labour's Lost* (*Verlorene Liebesmüh*) wird von Francis Meres erwähnt.	30–31
1595	London	Shakespeare wird Mitglied der Theatergruppe *Lord Chamberlain's Men*. *Richard II* erwähnt bei Francis Meres, Erstaufführung wohl am 9. Dezember 1595 in einem Privathaus in der Canon Row.	31
1595–1596	London	*Romeo & Juliet* (*Romeo & Julia*). Es gibt keinen Eintrag über eine Aufführung, es muss aber vor Erscheinen von Q 1 1603 häufiger gespielt worden sein.	31–32
1595–1596	London	*A Midsummer Night's Dream* (*Ein Sommernachtstraum*)	31–32
1596	Stratford	Shakespeares Sohn Hamnet stirbt. Verleihung eines Wappens an seinen Vater John „wegen treuer Dienste des Urgroßvaters für Heinrich VII."	32

2 Francis Meres (1565–1647) war ein englischer Geistlicher und Autor. Sein Werk *Palladis Tamia* ist eine wichtige Quelle für die Erforschung der Literatur des Elisabethanischen Zeitalters. Es gibt Aufschluss über die Chronologie von Shakespeares Werken.

JAHR	ORT	EREIGNIS	ALTER
1599	London Wilton House nahe Salisbury	*Henry V* mehrfach gespielt vor Erscheinen der Q 1, wahrscheinlich im neu erbauten Globe Theatre, da das „hölzerne O" im Prolog erwähnt wird. Shakespeare beteiligt sich am Globe Theatre. *Julius Caesar*, aufgeführt am 21. September 1599 anscheinend im Globe Theatre. *As You Like It (Wie Es Euch Gefällt)*	35
1600–1601	London	*Hamlet*, mit Sicherheit im Juli 1602 aufgeführt. Veröffentlichungen: Q1, 1603, die sog. „schlechte Quarto-Ausgabe", 1604 Q 2, die „gute" Ausgabe. Die Quarto-Ausgabe von 1603 war knapp halb so lang wie die 2. Ausgabe von 1604.	36–37
1601–1602	London	*Twelfth Night, or What You Will* (*Was Ihr Wollt*), sehr wahrscheinlich 1601 im Whitehall Theatre und im Middle Temple am 2. Februar 1602 aufgeführt.	37–38
1603	London	Die Theatertruppe nennt sich nach der Thronbesteigung James' I. nun *The King's Men.*	
1604	London	*Othello* wird am 1. November 1604 im „Banketinge House" im Whitehall aufgeführt.	40
1606	London	*King Lear* wird am 26. Dezember 1606 vor dem König im Whitehall gespielt.	42
1606	London/ Edinburgh	Entstehung von *Macbeth*, beurkundet aber erst am 20. April 1611.	42
1606–1607	unbekannt	*Antony and Cleopatra* (*Antonius und Cleopatra*), keine Aufführung aus dem 17. Jahrhundert bekannt; registriert am 20. Mai 1608; 1623 in der Folio-Ausgabe gedruckt.	42–43

JAHR	ORT	EREIGNIS	ALTER
1609–1611	London	*Cymbeline*, April 1611; *The Winter's Tale* (*Ein Wintermärchen*) am 15. Mai 1611 und *The Tempest* (*Der Sturm*) am 1. November 1611	45–47
ca. 1611	Stratford	Rückkehr nach Stratford, wo er sich in den Jahren zuvor Häuser und Ländereien gekauft hat.	47
25. 4. 1616	Stratford	Beerdigung Shakespeares laut Eintragung im Kirchenbuch „Burial of Will. Shakspere, gent." Ob es das richtige Datum ist, kann leider nicht nachgewiesen werden.	52
1623	London	Shakespeares Freunde und Kollegen beim Schauspiel, John Heminge und Henry Condell, veröffentlichen die Folio-Ausgabe all seiner Dramen.	

2.2 Zeitgeschichtlicher Hintergrund

ZUSAMMEN-FASSUNG

→ Mit dem Sieg über die spanische Armada 1588 steigt England zur führenden **Seenation** auf: Entscheidende Seeschlacht bei Gravelines an der französischen Küste.
→ Die **anglikanische Kirche** setzt sich in England als führende kirchliche Macht durch mit dem König bzw. der Königin als geistliches Oberhaupt.
→ **Kulturelle Blütezeit**: Gründung von Schulen und Universitäten, Hochphase der feingeistigen Literatur; Autoren wie Ben Jonson, Thomas Kyd, Christopher Marlowe und Francis Bacon gehören neben William Shakespeare zu den bekanntesten Autoren in Europa; als herausragender Theaterunternehmer ist Philip Henslow zu nennen.
→ England macht sich Sorgen um die **Nachfolge** der unverheirateten Königin Elizabeth I. Sie stirbt 1603. Ihr Nachfolger wird der schottische König James VI. (dt.: Jakob VI.), der als James I. dann zusätzlich König von England ist.

Das Elisabethanische Zeitalter

Umwälzungen in der Reformationszeit

Elizabeth I. war eine Tochter von Henry VIII. und Anne Boleyn. Während der Zeit ihrer Regentschaft (1558–1603) kam es zu großen Umwälzungen in Großbritannien und in ganz Europa. Die Reformation wurde weitergeführt, der frühmoderne Kapitalismus entstand allmählich und London wurde zu einer Weltmetropole.

Mit dem Sieg der englischen Flotte unter der Heeresleitung von Lord Howard von Effingham und Francis Drake über die spanische Armada 1588 bei Gravelines an der französischen Küste stieg England zur größten Seemacht der damaligen Zeit auf.

Im Inneren hatte Elizabeth Unruhen ohne größere Schwierigkeiten schnell beseitigt oder erst gar nicht zum Ausbruch kommen lassen. Sie hatte aber weiterhin mit den kirchlichen Problemen, die von ihrem Vater angestoßen worden waren, zu kämpfen. Der „alte" römisch-katholische Glaube hatte immer noch seine Anhänger.

Kirchliche Probleme

Als Shakespeare seinen *Hamlet* im Jahr 1600/01 verfasste, ging die Regentschaft der Königin Elizabeth I. langsam zu Ende. Obwohl Elizabeth I. 44 Jahre lang das Schicksal Englands lenkte, sagen Historiker, dass sie letztlich die Verantwortung dafür trug, dass England unregierbar wurde: "She quietly allowed England to become ungovernable."[3]

Da sie nie verheiratet war und keine Nachkommen hatte, musste ein Nachfolger erst gefunden werden. Hinter den Kulissen hatte sich die königliche Regierung in London bereits auf einen Kandidaten geeinigt. Nach der Exekution Mary Stuarts im Februar 1587 wurde ihrem 21-jährigen Sohn James aufgrund seiner protestantischen Erziehung gleichsam zur „Beruhigung" angedeutet, dass der „größte der glitzernden Preise" – die Nachfolge „auf die englische Krone"[4] auf ihn fallen sollte, was dann nach Elizabeths Tod auch tatsächlich eintrat. Offiziell durfte über die Nachfolge der Königin nicht gesprochen oder geschrieben werden, da der Act of Treason von Cromwell, einem Minister aus der Zeit Henrys VIII. formuliert, im Jahre 1571 verschärft wurde. Niemandem war es nun gestattet, auch nur gedanklich über die Nachfolge der Königin zu spekulieren.

Ungeklärte Nachfolge

Die Stellung der Kirche

Henry VIII. hatte die Kirche Englands von Rom und damit dem Papst losgelöst und die anglikanische Kirche der englischen Krone

Die anglikanische Kirche

---

3 Guy, S. 264.
4 Ebd., S. 269.

Die Königin als Oberhaupt von Staat und Kirche

unterstellt (Act of Supremacy). Elizabeth I. bekräftigte diese Suprematsakte, womit sie als Königin Oberhaupt des Staates und der Kirche war.

Die anglikanische Kirche war „the most powerful motor of Tudor domestic stability“[5] durch ein Buch, das allgemein Anklang in der Bevölkerung fand: das von dem Theologen Richard Hooker herausgegebene *Die Gesetze der geistlichen Politik* (*Of the laws of Ecclesiastical Polity*), in dem die Position der Kirche von England eloquent verteidigt und die Notwendigkeit einer staatlich-kirchlichen Ordnung im Lande zum Thema gemacht wird. Elizabeths Position als kirchliches Oberhaupt war damit abgesichert.

Kulturelle Blütezeit in London

London war um 1600 nicht nur zur größten Stadt Englands angewachsen, sondern durfte sich auch daran erfreuen, dass in seinen Mauern berühmte Poeten wohnten und arbeiteten.

London als Heimat berühmter Dichter

Der vielleicht bekannteste Zeitgenosse Shakespeares war **Ben Jonson** (1572–1637), der nicht nur mit seinen Dramen *Volpone* (1607) oder *The Alchemist* (1609) Geschichte schrieb, sondern nach Shakespeares Tod einen berühmten Satz schrieb, der dem Genie des Barden huldigte: “He was not of an age, but for all time.” (Er war nicht nur für eine bestimmte Periode da, sondern zeitlos.)

Francis Bacon (1561–1626) hatte bis zum Jahr 1621 die politische Karriereleiter erklommen, wurde dann aber wegen Bestechlichkeit im Amt vor Gericht zitiert, schuldig gesprochen und zu einer Haft- und Geldstrafe verurteilt. Die Haft betrug nur vier Tage. Danach widmete sich Bacon der Literatur und Philosophie. Berühmt machten ihn seine **Essays**, zuerst 1597 veröffentlicht und 1625 in

---

5 Guy, S. 266.

erweiterter Edition neu erschienen. Bekannt wurde auch seine Abhandlung *The Advancement of Learning* von 1605.

Als er in Highgate, dem heutigen Stadtteil von London, am 9. April 1626 starb, hinterließ er einen Schuldenberg von 22.000 Pfund.

Bedeutender Vorgänger Shakespeares

Christopher Marlowe, im gleichen Jahr wie Shakespeare geboren, wird bis heute als sein größter Vorgänger bezeichnet, dessen Dramen *Tamburlaine* (1590), *Doktor Faustus* (1604; erst nach seinem Tod gedruckt) und *The Jew of Malta* (1633 gedruckt) zu seinen größten Werken zählen, die auch heute noch häufig auf den Bühnen der Welt gespielt werden. Im Jahr 1593 wurde er bei einem Streit in einem Pub in Deptford von seinem Bekannten, Ingram Frizer, erstochen. Trotz seines kurzen Lebens folgern Michael Dobson und Stanley Wells nicht zu Unrecht: "without Marlowe's poems and plays the works of Shakespeare would have been different."[6]

Thomas Kyd (1558–1594) lebte ein Jahr länger als Marlowe und ist letztlich aufgrund eines Dramas zur bekannten Figur geworden: *The Spanish Tragedy* von 1592 wurde über Nacht die bekannteste Rachetragödie in London und England. Nicht unwahrscheinlich ist auch, dass er einen ***Ur-Hamlet*** geschrieben hat, der aber nicht gedruckt wurde und nur vage mündlich überliefert ist. Shakespeare muss diesen *Ur-Hamlet* vielleicht nicht nur gesehen, sondern auch als Inspiration für seinen *Hamlet* angesehen haben.

Verfasser des *Ur-Hamlets*?

Philip Henslowe, ungefähr Shakespeares Zeitgenosse, starb auch im Jahre 1616 und kann ohne Einschränkung als der bekannteste „Dramaturg" seiner Zeit angesehen werden. Vieles über das Theatergeschäft der Elisabethanischen Zeit stammt aus seiner Feder, sodass sein Wissen über diese Epoche durch seine Überlieferungen, in einer Art Tagebuch festgehalten, unbezahlbar ist.

---

6 Dobson/Wells, S. 280.

Entstehung des Theaterlebens

Im Mittelalter gab es im Gegensatz zur Antike keine Aufführungen von Dramen, auch Theatergebäude gab es nicht. Vielmehr wurden biblische Inhalte mithilfe von geistlichem Spiel in der Kirche vermittelt, denn lesen (und schreiben) konnten die Gläubigen nicht, auch sollten Frömmigkeit und Glaube gestärkt werden. C. Walter Hodges beschreibt die Anfänge des mittelalterlichen Theaters so: “The earliest known plays of the Middle Ages were composed by priests and acted by them before the congregation in church.”[7]

Geistliches Spiel

Diese ersten Versuche, den Gläubigen mit Aufführungen, sogenannten *mystery plays*, die Bibel zu erläutern, fanden eine so große Resonanz, dass ab dem 13. Jahrhundert Aufführungen vor der Kirche und später auf dem Marktplatz stattfanden und großen Zulauf hatten. Auch die Themen änderten sich im Laufe der Zeit, da das religiöse Thema immer mehr in den Hintergrund trat. Es formierten sich fahrende Schauspielertruppen, die von Stadt zu Stadt fuhren und in den Innenhöfen von Wirtschaften oder auf Marktplätzen auf provisorischen Bühnen ihre Stücke zum Besten gaben.

Fahrende Schauspielertruppen

In London hatten viele Jahre später „runde“ Theater aufgemacht, die zur Volksbelustigung Tiere in das Rund brachten, zur sogenannten „bear-baiting“ (Bärenhetze) und „dog-baiting“.

Wiederum einige Jahre später hat dann der Vater des berühmten Richard Burbage, James Burbage, ein Theater im Norden der damaligen Stadt London in Zusammenarbeit mit John Brayne, seinem Schwager, errichtet. Bill Bryson schreibt: “London’s first true playhouse appears to have been the Red Lion, built in 1567 in Whitechapel by an entrepreneur named John Brayne ... Nine years after its construction Brayne was at it again, this time working in league with his brother-in-law, James Burbage, who was a carpenter by

Londons erstes richtiges Theater

---

7 Hodges, S. 14.

trade but an actor and impresario by nature. Their new theatre – called *The Theatre* – opened in 1576 a few hundred yards to the north of the city walls near Finsbury Fields in Shoreditch."[8]

Da es sich herausstellte, dass man mit dem Theaterspiel gut verdienen konnte, öffneten immer mehr Theater ihre Pforten. Rund zwanzig Jahre später erbauten Mitglieder der Schauspieltruppe *The Chamberlain's Men*, zu der auch Shakespeare gehörte, ein Theater auf der Südseite der Themse, das sie *The Globe Playhouse* nannten. Es soll mit einer Aufführung von *Henry V* im Jahr 1599 eröffnet worden sein. Hier soll auch Shakespeare persönlich den Geist im Drama *Hamlet* gespielt haben. Seitdem ist der Ausdruck „Wooden O" (hölzernes O) aus dem Prolog diese Dramas, das den Aufbau des Theaters beschreibt, zu einem geflügelten Wort geworden.

Das Globe Theatre

Bei einer Aufführung von *Henry VIII* im Jahre 1613 brannte das Globe Theatre nieder. Es wurde 1614 wieder aufgebaut. In den vierziger Jahren des 17. Jahrhunderts wurden von den Puritanern, die den Bürgerkrieg in England gewannen, alle Theater geschlossen. Seit 1997 gibt es wieder am südlichen Ufer der Themse ein Globe Theatre, das sich zu einem imposanten Markstein in der Theaterszene Londons entwickelt hat.

---

8 Bryson, S. 70 f.

2.3 Angaben und Erläuterungen zu wesentlichen Werken

ZEIT (CA.)	HISTORIEN	KOMÖDIEN	TRAGÖDIEN	DAS SPÄTWERK
1590		*The Two Gentlemen of Verona*		
1591	*2 Henry VI* *3 Henry VI*	*Taming of the Shrew*		
1592	*1 Henry VI* *Titus Andronicus*			
1593	*Richard III*			
1594		*Comedy of Errors* *Love's Labour's Lost*		
1595	*Richard II*	*A Midsummer Night's Dream*	***Romeo and Juliet***	
1596	*King John* *1 Henry IV*	*The Merchant of Venice*		
1597	*2 Henry IV* (1579/98)	*Merry Wives of Windsor*		
1598	*Henry V*			
1599		*As You Like It* *Much Ado about Nothing*	*Julius Caesar*	
1600		*Twelfth Night*		
1601			***Hamlet***	
1602			*Troilus and Cressida*	
1603			*Measure for Measure*	

ZEIT (CA.)	HISTORIEN	KOMÖDIEN	TRAGÖDIEN	DAS SPÄTWERK
1604			***Othello***	
1605/ 1606			***King Lear*** ***Macbeth*** *Antony and Cleopatra*	
1607			*Pericles*	
1608			*Coriolanus*	
1609				***The Winter's Tale***
1610				*Cymbeline*
1611				*The Tempest*[9]

Die Werke nach Gattungen

Historien

Historien – beim Volk beliebt

Man kann eines mit Sicherheit sagen: Shakespeare hörte gut zu, wenn es darum ging, was beim Volk „ankam". Für ihn stand fest: In den neunziger Jahren waren die Historien gefragt, denn England feierte gerade den großen Sieg über die spanische Armada und damit über den katholischen Erzgegner. Seine erste Tetralogie ***Henry VI*** **Teile 1 bis 3** und ***Richard III*** brachte die Zerrissenheit des Hauses Plantagenet zum Ausdruck, die im „Krieg der Rosen" (1455–58) – die weiße Rose für das Haus York, die rote Rose für das Haus Lancaster – zur Auseinandersetzung dieser Häuser führte und damit innenpolitische Instabilität bedeutete, was durch die lange Regierung und Kinderlosigkeit der Königin Elizabeth I. erneut auf

---

9 Zit. nach Dobson/Wells, S. 533.

der Tagesordnung stand. Der Erfolg der ersten Tetralogie führte zur zweiten textlich weitaus reiferen Folge mit den Dramen ***Richard II, Henry IV*, Teile 1 und 2** und ***Henry V***. Besonders im letzten Drama erstand vor dem geistigen Auge der Theaterbesucher noch einmal die Schlacht von Agincourt (1415), an die man sich noch gut erinnerte, denn Heinrich hatte die Schlacht gegen eine Übermacht der Franzosen gewonnen.

Komödien

Im Zentrum: Verwechslungen und Missverständnisse

Vielleicht war es eine Art „Ablenkung" für den Barden: Neben diesen Historien entstand immer wieder eine Anzahl von Komödien, die das Publikum mit Verwechslungen und Missverständnissen zum Lachen brachten. Schon in das Jahr 1590 kann die Wissenschaft die erste Komödie zurückverfolgen: ***The Two Gentlemen of Verona*** und darauf folgend ***The Taming of the Shrew***. Diese beiden Stücke sowie ***Much Ado about Nothing*** und *Romeo and Juliet* haben ihren Schauplatz in Italien, sodass vermutet wird, Shakespeare habe sich in diesen südlichen Gefilden eine Zeit lang aufgehalten, was allerdings bis heute nicht nachgewiesen ist. Dass der Streit junger Menschen mit ihrer Umwelt in zwei Dramen seinen Niederschlag findet, spricht möglicherweise für ein persönliches Erlebnis Shakespeares, denn im Jahre 1595 entstanden nicht nur die Komödie ***A Midsummer Night's Dream***, sondern auch die Tragödie von ***Romeo and Juliet***, die heute wohl bekanntesten Liebesgeschichte der Welt. In beiden Dramen kommt es zu harten Auseinandersetzungen zwischen den Eltern und ihren anders denkenden Kindern. Dass der „Mittsommernachtstraum" letztlich heiter endet, wird heute von einigen Regisseuren unterschiedlich konzipiert, was nicht immer die Zustimmung des Publikums findet.

Erste wichtige Schaffensperiode

Im Zusammenhang mit den beiden Stücken zu *Henry IV*, sollte noch eine Komödie Erwähnung finden: Angeblich soll Königin Elizabeth sich so sehr über die Rolle des Falstaff in *Henry IV* amüsiert haben, dass Shakespeare diese Figur in seiner Komödie ***The Merry Wives of Windsor*** noch einmal „zum Leben erwecken" musste. Mit den beiden Komödien ***As You Like It***, die um 1599 entstanden ist, und dem Stück um die verschollenen Geschwister Sebastian und Viola/Cesario in ***Twelfth Night***, vermutlich vor *Hamlet* geschrieben, findet die erste wichtige Schaffensperiode des Barden ein Ende, da er sich nun den großen Tragödien zuwendet.

Tragödien

Tragische Titelfiguren

In den Jahren ab 1600 konzentrierte sich William Shakespeare hauptsächlich auf Tragödien, er schrieb ***Julius Caesar*** und dann ***Hamlet***. Mit den großen Tragödien ***Othello, King Lear*** und ***Macbeth*** hat Shakespeare seine zweite Schaffensperiode abgeschlossen. Es sind zumeist die charakterlichen oder moralischen Schwächen des tragischen Titelhelden, die am Ende zur Katastrophe führen. Zudem spielt häufig eine negative Beeinflussung des Helden von außen (beispielsweise der Geist in *Hamlet*, die Hexen in *Macbeth*) eine wichtige Rolle.

Besonders in ***Macbeth*** hat Shakespeare dem König, James I., insofern eine gewisse Freude bereitet, als dieser Geschichten mit Hexen besonders goutierte.

Das Spätwerk

Die drei Spätwerke ***Cymbeline***, ***The Winter's Tale*** und ***The Tempest*** beschließen 1611 Shakespeares schriftstellerische Tätigkeit in London. Der Barde zieht sich auf seinen 1597 erworbenen Wohnsitz „New Place" in Stratford zurück, wo er 1616 verstarb.

Sonette

Neben seinen Dramen hat Shakespeare 154 Sonette verfasst, die 1609 gedruckt worden sind.

Zweifel an Shakespeares Autorschaft

Bis heute gibt es Forscher, die behaupten, die unter Shakespeares Namen überlieferten Stücke können nicht von ihm selbst stammen; er sei lediglich ein einfacher Junge vom Land gewesen. Die Werke sollen hingegen aus der Feder eines anderen, möglicherweise adligen, hochgebildeten Verfassers stammen, der seine wahre Identität jedoch nicht preisgeben konnte und sich daher hinter William Shakespeare versteckte. Als mögliche tatsächliche Autoren werden Sir Francis Bacon, Christopher Marlowe, der Earl of Oxford Edward de Vere[10] oder sogar die Königin Elizabeth I. selbst genannt.

Shakespeare – nur ein Statist?

Diese Theorien sind unter anderem aufgekommen, weil es als völlig unwahrscheinlich angesehen wurde, dass ein Mann vom Land ohne Universitätsabschluss derart komplexe Stücke, die auf eine breit angelegte Bildung schließen lassen und in denen ein äußerst umfangreiches Vokabular gebraucht wird, ersinnen könne. Es müsse ein Mann von adligem Stand mit universitärer Bildung und breiten geografischen, historischen, juristischen und politischen Kenntnissen gewesen sein, der ein derart großartiges Gesamtwerk hervorgebracht haben kann.

Stellvertreter für hochgebildeten Adligen?

Ein anderes Argument ist, dass die Nachwelt kein einziges handgeschriebenes Dokument Shakespeares vorweisen kann, aus dem ersichtlich ist, dass er der Urheber eines bestimmten Dramas ist. Dass es daher immer wieder Anzweiflungen gibt, ob nun der Barde die Dramen selbst geschrieben hat, ist durchaus verständlich, auch

Handschriftliche Dokumente nicht überliefert

---

10 Edward de Vere wird in dem deutsch/britischen Kinofilm *Anonymus* aus dem Jahr 2011 als eigentlicher Autor der Shakespear'schen Werke vorgestellt.

wenn man den Zweiflern nachsagen muss, dass bisher kein Nachweis bekannt ist, aus dem zu ersehen ist, dass die Dramen **nicht** von dem William Shakespeare aus Stratford stammen.

Diese Aussagen, wie man auch immer zu ihnen stehen mag, stellen schlicht und einfach fest, dass man in gewissen Kreisen nicht nur nicht an das Genie Shakespeare glaubt, sondern ihn mit heutigen Maßstäben misst, die da besagen, dass man nur genial sein kann, wenn man ein Hochschulstudium nachweisen kann, was man von Edward de Vere weiß; dieser ist aber schon 1604 verstorben.

Von wem dann aber die großen Dramen nach 1605 geschrieben sein könnten, wird nicht debattiert. Margaret Drabble kommt in ihrem kurzen Beitrag im *Oxford Companion to English Literature* zu folgendem Ergebnis: "He married Lord Burleigh's daughter ... T. J. Looney identified him in 1920 as the author of Shakespeare's plays, and a sizeable body of 'Oxfordians' have since built on this claim."[11]

Keine Zweifel bei Zeitgenossen

In der Wissenschaft allerdings gilt die Auseinandersetzung sicher nicht als Höhepunkt der Literaturkritik. Jonathan Bates stellt zu der angeheizten Problematik lapidar fest, dass niemand (!) „in Shakespeare's lifetime or for the first two hundred years after his death expressed the slightest doubt about his authorship."[12]

11 Drabble, S. 727 f.
12 Zit. nach: Bryson, S. 183.

3. TEXTANALYSE UND -INTERPRETATION

3.1 Entstehung und Quellen

ZUSAMMEN-FASSUNG

Es gibt mindestens zwei Quellen:
→ die Geschichte von *Amlethus, Prinz von Dänemark*, die in der *Historia Danica* des Saxo Grammaticus auf Latein erschienen war,
→ einen sog. *Ur-Hamlet*, der wohl in den 1590er-Jahren in London aufgeführt worden ist.

Entstehung:
→ 1600/1601 Niederschrift von *Hamlet*
→ 1602 Eintrag im Stationers' Register: "A book called the ***Revenge of Hamlet, Prince of Denmarke***"
→ 1603 wird das Drama in Cambridge und Oxford aufgeführt.
→ Es gibt verschiedene Ausgaben: Die heutige Wissenschaft stützt sich v. a. auf Q 2 und die „First Folio" von 1623.

Vorlagen

Historia Danica des Saxo Germanicus

Eine Vorlage, die Shakespeare wohl mit Sicherheit benutzt hat, ist die Geschichte von *Amlethus, Prinz von Dänemark* aus dem dritten und vierten Buch der *Historia Danica* des Historikers Saxo Grammaticus (ca. 1150–ca. 1206), die er auf Lateinisch verfasst hat:

Horwendil heiratet Gerutha, die Tochter des dänischen Königs. Aus dieser Ehe geht Sohn Amleth hervor. Der Bruder Horwendils, Fengon, tötet aus Neid seinen Bruder, weil er selbst König werden möchte. Nachdem er seinen Bruder getötet hat, heiratet er schon nach kurzer Zeit dessen Frau. Amleth will den Tod seines Vaters rächen und gibt vor, von Sinnen zu sein, um seinen Plan ausführen zu können. Da Fengon aber argwöhnisch glaubt, dass Amleth ihm nach dem Leben trachtet, schickt er ihn mit zwei Gesandten nach England. Diese führen einen Brief mit sich, in dem Amleths Ermordung vom englischen König ausgeführt werden soll. Amleth entdeckt den Brief und ändert ihn dahingehend, dass die beiden Gesandten an seiner Stelle ermordet werden. Es gelingt ihm, Freundschaften zu schließen und die Tochter des englischen Königs zu heiraten. Als er nach Hause zurückkehrt, macht er die Höflinge, die seine „Ermordung" feiern, mit Hilfe seiner Mutter betrunken, steckt den Palast in Brand und tötet Fengon. Er setzt sich selbst als König ein. Seine Verteidigungsrede seines Handelns wird zustimmend zur Kenntnis genommen. Er regiert so lange, bis er in einer weiteren Schlacht zu Tode kommt.

Diese Version könnte Shakespeare gekannt haben, sie wurde 1514 erstmals gedruckt.

Französische Adaption

Eine französische Adaption der Geschichte stammt von François de Belleforest (1530–1583) und ist in dessen *Histoires Tragiques* aufgenommen (um 1570). Sie wurde anonym ins Englische übersetzt und erschien 1608 in London unter dem Titel *The Hystorie of Hamblet*, also erst nach Veröffentlichung des Shakespeare'schen *Hamlet*. Die französische Version muss aber bereits vorher in England bekannt gewesen sein und einen Dichter zu einer englischen Adaption, dem *Ur-Hamlet*, angeregt haben. Der Pamphletenschreiber und Dramatiker Thomas Nashe spielte bereits in einem Vorwort zu Robert Greenes Theaterstück *Menaphon* (1589) auf einen *Ur-Hamlet* an, der aber nicht überliefert ist.[13] So wird heute die Vermutung angestellt, dass Shakespeare eine Urfassung des Dramas,

Ur-Hamlet

---

13 Muir, S. 303.

möglicherweise von Thomas Kyd, dem Verfasser der *Spanish Tragedy*, selbst im Theater gesehen hat und mit Einbeziehung des „Play within the play“ seine eigene Fassung zu Papier gebracht hat.

Weitere Einflüsse

Daneben darf man auch annehmen, dass der Barde den frühen Tod seines Sohnes Hamnet in dieses Drama mit einfließen ließ. Außerdem soll nach englischen Zeitungsberichten das Schicksal der Ophelia mit einem Mädchen aus der Umgebung Stratfords in Verbindung gebracht werden.[14]

Entstehungszeit

Entstehungszeit: 1600/1601

Die Entstehungszeit von Shakespeares *Hamlet* wird heute allgemein auf die Jahre 1600/01 angesetzt. Im Stationer's Register, einem Verzeichnis der Londoner Verleger- und Buchhändlergilde, findet sich am 26. 7. 1602 der Eintrag: *Revenge of Hamlet, Prince of Denmarke.* Aufführungen des Stückes an den Universitäten von Cambridge und Oxford sind für das Jahr 1603 belegt.

Editionsgeschichte

Heute kann die Wissenschaft eine Aussage treffen, die sich mit der Veröffentlichung der Fassungen (!) zum Drama *Hamlet* beschäftigt.

Q 1 – bad quarto

Die erste Quarto-Ausgabe (Q 1) erschien 1603. Ihr Titel: "The Tragicall Historie of Hamlet Prince of Denmarke. By William Shakespeare. As it hath beene diverse times acted by her Highnesse servants in the Cittie of London: as also in the Universities of Cambridge and Oxford, and elsewhere."[15] Diese Ausgabe wird auch als „bad quarto“ bezeichnet.

---

14 Sowohl der *Independent* als auch der *Independent on Sunday* berichten am 8. und 12. Juni 2011 von einem jungen Mädchen: "Did a little girl picking marigolds inspire Shakespeare's Ophelia?".

15 Halliday, S. 204.

Diese ,schlechte' Quarto-Ausgabe gefällt manchen Regisseuren wegen ihrer Kürze, aber weniger den Wissenschaftlern. Man glaubt heute, dass „dieser erste Druck des Dramas ein Raubdruck ist."[16]

Q 2 – längster Text

Somit konzentriert sich die heutige Wissenschaft auf die folgenden Editionen: Die zweite Quarto-Ausgabe (Q 2) von 1604, „mit 3.723 Zeilen der längste überlieferte Text von *Hamlet*, überhaupt der längste eines Shakespeare-Dramas."[17]

Folio-Ausgabe

Der andere wichtige Druck ist der Text in der Folio-Ausgabe (F) von 1623, in der die gesammelten Werke Shakespeares von John Heminge und Henry Condell zum ersten Mal veröffentlicht werden. „Er ist mit 3535 Zeilen etwa 200 Zeilen kürzer als Q 2."[18]

Für eine Bühnenfassung eignet sich zwar Q 1 wegen der Kürze besonders gut, aber aufgrund einiger Veränderungen im Text (hervorzuheben ist III, 1: "To be or not to be") wird bei allen modernen Editionen auf Q 2 und die First Folio F 1 zurückgegriffen.

16 Greiner/Müller, S. 24.
17 Ebd., S. 24.
18 Ebd., S. 24.

3.2 Inhaltsangabe

ZUSAMMEN-FASSUNG

Hamlets Vater, der König von Dänemark, ist tot. Als Geist erscheint er Hamlet und teilt ihm mit, dass er nicht eines natürlichen Todes gestorben, sondern von seinem Bruder Claudius vergiftet worden ist und fordert nun von Hamlet, ihn zu rächen. Claudius hat inzwischen den Thron bestiegen und Hamlets Mutter Gertrude geheiratet.
Um herauszufinden, ob der Geist die Wahrheit sagt und um seine Pläne besser verfolgen zu können, gibt Hamlet vor, wahnsinnig zu sein. Selbstzweifel quälen ihn, ob er nun Claudius töten soll oder nicht. Mithilfe eines Theaterstückes, das die Ermordung von Hamlets Vater wiedergibt, will er den König überführen, welcher auch tatsächlich auffällig reagiert. Bei einem anschließenden Gespräch mit seiner Mutter ersticht Hamlet einen Lauschenden in der Annahme, es sei Claudius; es handelt sich aber um den Hofsekretär Polonius. Dessen Tochter Ophelia, die gleichzeitig die Geliebte Hamlets ist, verfällt daraufhin dem Wahnsinn und ertrinkt in einem Bach. Polonius' Sohn Laertes will den Tod seines Vaters und seiner Schwester rächen. Claudius und Laertes schmieden einen Plan, um Hamlet zu beseitigen: In einem Degenduell versucht Laertes, Hamlet mit einer vergifteten Degenspitze tödlich zu verwunden. Der Versuch gelingt, aber auch Laertes und die Königin kommen ums Leben. Hamlet tötet seinen Onkel, bevor er selbst stirbt.

Am Schluss liegen nicht nur die beiden Kämpfer sterbend am Boden, sondern auch Gertrude und Claudius sind tot. Zudem weiß man nicht, ob Ophelia ertrunken ist oder sich in den Fluten des Flusses ertränkt hat. Zwei Familien sind „ausradiert", den Sieg hat ohne Kampf der junge Norweger Fortinbras errungen, der die dänische Krone übernehmen wird.

I. Akt

Hamlet wird von seinem Geist-Vater aufgefordert, seine Ermordung zu rächen

1. Szene

Mitternächtliche Geistererscheinung

Die Angst geht um am Schloss Elsinore/Helsingör. Ein Krieg gegen Norwegen könnte drohen. Auf ein drohendes Unheil lässt auch ein Geist schließen, der den Wachmännern Marcellus und Bernardo bereits zweimal erschienen ist. Der Geist trägt eine Ritterrüstung und sieht aus wie der verstorbene König. Horatio, der Studienfreund Hamlets, glaubt nicht an Gespenster und hält das „Ding" für eine Fantasievorstellung seiner Freunde und will mehr wissen. Plötzlich taucht die Gestalt erneut auf; Horatio fordert sie auf, zu sprechen, aber sie verschwindet mit dem ersten Hahnenschrei, ohne etwas gesagt zu haben. Horatio empfiehlt, Hamlet von der Erscheinung zu berichten; er ist überzeugt, dass der Geist zu Hamlet sprechen wird.

2. Szene

Rückkehr zum Alltag

König Claudius lässt indes im Schloss seinen Hofstaat wissen, wie sehr ihm die neue Position als König und als Ehemann seiner früheren Schwägerin Gertrude zusagt. Er nimmt die Regierungsgeschäfte auf und schickt Gesandte für Verhandlungen an den norwegischen Hof. Unterstützung findet Claudius bei seinem Hofsekretär Polonius der ihm treu ergeben ist; Polonius' Sohn Laertes, der zu Claudius' Hochzeit aus Paris angereist war, darf sein Studium dort fortsetzen. Von Hamlet hingegen verlangen Claudius und Gertrude, endlich die Trauer um den Vater abzulegen und bitten ihn, nicht an seine Universität in Wittenberg zurückzukehren. Hamlet aber ist von der überstürzten Heirat seiner Mutter zutiefst angewidert, was er in einem ersten Monolog (I, 2, 129–159)[19] zum Ausdruck bringt. Unterbrochen wird er von Horatio, Bernardus und Marcellus, die ihm von der vaterähnlichen Geistererscheinung berichten. Hamlet ist beunruhigt, bittet die anderen, ihr Wissen für sich zu behalten und bereitet sich vor, dem Spuk auf den Grund zu gehen.

Hamlets Trauer und Abscheu

3. Szene

Polonius' väterliche Ratschläge

Laertes nimmt Abschied und rät Ophelia, sich nicht vorschnell Hamlet hinzugeben. Polonius gibt seinem Sohn verschiedene Empfehlungen mit auf den Weg. Seiner Tochter trägt er auf, die Beziehung zu Hamlet, die er als unschicklich ansieht, zu beenden. Diesem väterlichen Rat will sie nachkommen.

4. Szene

Der Geist erscheint Hamlet …

Als Hamlet mitternachts mit seinen Freunden Wache hält, erscheint der Geist wieder und bedeutet Hamlet, ihm zu folgen. Entgegen der Warnungen der Freunde geht er furchtlos mit dem Geist. Marcellus spricht aus, was den Status Quo vielleicht am besten wiederspiegelt: "Something is rotten in the state of Denmark." (I, 4, 90)

---

19 Die Textverweise bezeichnen jeweils mit römischer Ziffer den Akt, die erste arabische Ziffer steht für die Szene und die zweite für die Zeile.

5. Szene

Was Hamlet von dem Geist seines Vaters hört, erschüttert ihn zutiefst: Er ist nicht an einem Schlangenbiss gestorben. Sein Bruder Claudius habe ihm beim Mittagsschlaf Gift in das Ohr geträufelt und ihn auf diese Weise umgebracht. Der Geist befiehlt Hamlet, ihn zu rächen. Gegen Gertrude allerdings soll er nichts unternehmen, sondern sie ihren Gewissensqualen überlassen. Hamlet schwört Rache.

… und fordert Rache

Seinen Begleitern erzählt er nichts vom Inhalt des Gesprächs, lässt sie jedoch einen Schwur leisten, Stillschweigen über die Geschehnisse der Nacht zu bewahren. Auch dürfen sie sich nichts anmerken lassen, falls er in den folgenden Tagen durch sonderbares und befremdliches Gebaren auffallen sollte.

II. Akt

Hamlet versucht, durch eine List mit dem „play within the play" den König aus seiner Reserve zu locken und nervös zu machen

1. Szene

Es sind inzwischen einige Wochen vergangen. Polonius setzt Reynaldo als Spion auf seinen Sohn Laertes an, der sein Studium in Paris fortsetzt. Er erachtet es als notwendig, den Lebenswandel seines Sohnes zu beobachten. Dass Reynaldos Name semantisch auch noch mit dem Fuchs in Verbindung gebracht wird, kann sicherlich als kleiner Gag von Shakespeare angesehen werden.

Kaum hat sich Reynaldo entfernt, als Tochter Ophelia ziemlich aufgelöst ihren Vater aufsucht und ihm von einer sehr merkwürdigen Begegnung mit Hamlet berichtet. Hamlet ist in einem verwahrlosten Aufzug in ihre Kammer eingedrungen und hat, sie am Arm schüttelnd, Seufzer ausgestoßen und einen sehr wirren Eindruck gemacht. Polonius befürchtet, an Hamlets Zustand mitschuldig zu sein, da er Ophelia Zurückhaltung befohlen hat. Er will dem König umgehend Bericht erstatten.

Hamlets Wahnsinn kündigt sich an

2. Szene

König Claudius ist indessen auch nicht untätig geblieben. Er hat Studienfreunde Hamlets aus Wittenberg an den dänischen Hof gerufen. Die beiden Herren, Guildenstern und Rosencrantz, sollen herausfinden, was die Ursache für Hamlets seltsames Verhalten ist.

Von den zurückgekehrten Boten wird Claudius über die Absicht der Norweger unter Fortinbras' Führung dahingehend unterrichtet, dass man nur durch Dänemark nach Polen marschieren wolle, ohne irgendeine Kriegsabsicht zu haben. Das nimmt Claudius mit freudiger Genugtuung zur Kenntnis.

Hamlets Wahnsinn – Ursachensuche

Polonius unterbreitet dem König und der Königin seine Vermutungen über die Ursache von Hamlets Wahnsinn. Während seines langatmigen Vortrags über Hamlets geistigen Zustand glaubt er, mit einem Liebesbrief Hamlets an Ophelia beweisen zu können, dass dieser nicht mehr bei Sinnen ist und der Grund dafür darin liegt, dass Polonius Ophelia den Umgang mit Hamlet untersagt hat. Gertrude hingegen befürchtet, dass Hamlet sehr unter seines Vaters Tod und ihrer überstürzten Heirat mit Claudius leidet. Polonius schlägt dem Königspaar vor, heimlich dem nächsten Treffen von Hamlet und Ophelia beizuwohnen, damit sie seine Theorie bestätigt sehen.

Als Hamlet lesend den Raum betritt, bittet Polonius den König und die Königin, ihn allein mit Hamlet reden zu lassen. Es dauert nicht lange, bis Polonius feststellt, dass Hamlet wirres Zeug redet.

Auftritt Rosencrantz und Guildenstern

Wie von Claudius geplant, tauchen Hamlets Studienfreunde auf. Auf die Frage Hamlets, was sie denn in Elsinore zu machen gedenken, antwortet Rosencrantz mit Überzeugung: "To visit you, my Lord, no other occasion." (II, 2, 266) Hamlet findet aber schnell heraus, dass sie vom Königspaar gesandt sein müssen, was die beiden auch eingestehen. Hamlet weiß, dass der König seiner Melancholie wenig Gegenliebe entgegenbringt und ist erfreut, von Rosencrantz zu hören, dass sie auf ihrem Weg nach Helsingör fahrende Schauspieler überholt haben, die ihre Dienste am Hofe anbieten wollen.

Hamlet will Claudius eine Falle stellen

Hamlet ist beim Eintreffen der Schauspieler außerordentlich begeistert und bittet sie, am nächsten Abend das Stück *The Murder of Gonzago* zu spielen, das er noch um einige Verse ergänzen möchte. Der erste Schauspieler bejaht diesen Wunsch, was Hamlet sehr zufrieden stellt, denn er traut dem Geist seines Vaters noch immer nicht vorbehaltlos und will mit dem Stück seinen Onkel auf die Probe stellen und ihn gegebenenfalls in die Falle locken: "I'll have these players / Play something like the murder of my father, / Before mine uncle, I'll observe his looks." (II, 2, 572–74) Seine raffinierte Überlegung endet mit dem Satz: "the play's the thing, / Wherin I'll catch the conscience of the King." (II, 2, 582 f.) Er will den König während der Aufführung genau beobachten – vielleicht wird er in Erinnerung an das eigene schändliche Tun nervös, was für Hamlet einem Schuldeingeständnis gleichkäme.

III. Akt

Der König reagiert äußerst nervös auf die Darbietung der Schauspieler

1. Szene

Rosencrantz und Guildenstern berichten dem König, dass sie nichts Genaues über Hamlets seltsames Benehmen sagen können. So steht dem König und Polonius nur eine Möglichkeit offen: Ophelia soll sich mit Hamlet treffen, während sie beide hinter dem Vorhang in ihrem Zimmer zuhören.

Hamlet und Ophelia werden belauscht

Hamlet nähert sich Ophelias Zimmer in einem verzweifelten Zustand und meditiert vor sich hin. Er beginnt seinen berühmten Monolog: "To be or not to be, that is the question" (III, 1, 56) und

Hamlet (Mel Gibson) und Ophelia (Helena Bonham Carter) in der Verfilmung von Franco Zeffirelli von 1990 © Cinetext

reflektiert über das Leben, den Tod, Selbstmord und das Leben nach dem Tod.

Ophelia begrüßt ihn und will ihm Erinnerungsstücke zurückgeben, die er ihr zu glücklicheren Zeiten gegeben hat, aber Hamlet – immer noch an das ungehörige Verhalten seiner Mutter denkend – lässt sie abblitzen. Er rät ihr sogar, in ein Kloster zu gehen, um der bösen Welt zu entfliehen. Als er geht, ist Ophelia überzeugt, dass Hamlet von Sinnen ist. Der König und Polonius haben die gesamte Unterredung hinter dem Vorhang mitgehört und Claudius fürchtet nun um seine eigene Sicherheit. Er entschließt sich, Hamlet aus seinem Umfeld zu entfernen, indem er ihn nach England sendet, um den Tribut der Engländer einzutreiben. Er soll bei dieser Aufga-

Claudius fürchtet um seine Sicherheit

be von Guildenstern und Rosencrantz begleitet werden, die zudem einen Brief des Königs mit sich führen sollen.

Polonius hat die Idee, Hamlet mit seiner Mutter sprechen zu lassen. Sie soll in ihrem Privatgemach herausfinden, was den Sohn bedrückt. Polonius will hinter dem Vorhang zuhören. Der König lässt sich auf diesen Vorschlag ein: "It shall be so; / Madness in great ones must not unwatched go." (III, 1, 186 f.)

2. Szene

Hamlet gibt den Schauspielern noch einige Anweisungen und bittet Horatio, den er in seinen Plan einweiht, auf das Verhalten des Königs zu achten. Er gibt weiterhin den Wahnsinnigen und behandelt Ophelia mit derber Geringschätzung.

Das Theaterstück soll Claudius überführen

Die Schauspieler haben ihren Auftritt und spielen das von Hamlet gewünschte Stück *The Murder of Gonzago*. Es beginnt mit einer Pantomime, die den Mord an Hamlets Vater so darstellt, wie vom Geist beschrieben: König und Königin zeigen sich verliebt. Der König legt sich nieder und schläft, woraufhin die Königin ihn alleine lässt. Ein anderer Mann tritt hinzu, nimmt ihm die Krone ab und küsst sie, gießt Gift in das Ohr des Schlafenden und entfernt sich. Die Königin kehrt zurück und findet den Toten, den sie leidenschaftlich betrauert. Auch der Mörder gibt den Trauernden. Kaum ist der Leichnam entfernt, wirbt der Mörder um die Königin, die nach ersten Zweifeln schließlich doch einwilligt.

Nach dieser pantomimischen Darbietung folgt das gleiche Stück in Versen.

Claudius geht in die Falle

Auf die Frage des Königs, wie das Stück denn heiße, antwortet Hamlet wie aus der Pistole geschossen: "The Mouse-Trap" (III, 2, 225). Gegen Ende des Stückes, nach der Darstellung des Giftmordes, ist der König sichtlich erschüttert und verlässt den Raum, indem er laut ruft: "Give me some light – away." (III, 2, 255) Das Stück wird daraufhin abgebrochen und der Hofstaat zerstreut sich. Hamlet und Horatio glauben, dass das Stück den König an seine Tat erinnert hat und er schuldig ist.

Rosencrantz und danach Polonius teilen Hamlet mit, dass ihn seine Mutter sprechen möchte, was dieser mit Genugtuung zur Kenntnis nimmt. Er nimmt sich jedoch vor, keine Gewalt gegen sie zu gebrauchen.

3. Szene

Der König weiß um seine heikle Situation und teilt Guildenstern mit, dass er und Rosencrantz unverzüglich mit Hamlet nach England reisen müssen. "I your commission will forthwith dispatch, / And he to England shall along with you." (III, 3, 3 f.)

Hamlet verschiebt die Tötung des Königs

Nachdem Polonius dem König mitgeteilt hat, dass er wiederum hinter dem Vorhang in Gertrudes Zimmer lauschen will, bricht es, als er alleine betet, aus dem König heraus: Zum ersten Male hören wir von ihm, dass er den Mord an seinem Bruder offen eingesteht: "O, my offence is rank, it smells to heaven ... A brother's murder." (III, 3, 36–38) Während Hamlet sich in das Gemach seiner Mutter begibt, sieht er den König, kniend im Gebet. Jetzt wäre die Gelegenheit günstig, den König zu töten. Aber, so meint Hamlet, wenn er ihn jetzt betend töte, kommt er sicherlich in den Himmel und nicht in die Hölle. Es werden sich noch andere Möglichkeiten ergeben. Somit hat der König noch eine Schonfrist erhalten.

4. Szene

Polonius begibt sich mit dem Wissen der Königin hinter den Vorhang in ihrem Zimmer. Das Gespräch Hamlets mit seiner Mutter wird heftig und lauthals geführt. Als Gertrude laut ausruft: "What wilt thou do? Thou wilt not murder me? / Help, ho" (III, 4, 20 f.), glaubt Polonius, eingreifen zu müssen. Hamlet merkt, dass hinter

Hamlet ersticht Polonius

dem Vorhang jemand steht und sticht mit seinem Degen zu. Polonius bricht zusammen und stirbt.

Hamlet nimmt den Tod des Polonius kurz zur Kenntnis und attackiert seine Mutter weiterhin wegen ihres ungehörigen Verhaltens. Seinen eigenen Mord wiegt er dabei nicht so schwer wie den Königsmord durch Claudius und den Inzest seiner Mutter. Als der Geist von Hamlets Vater erneut erscheint und Hamlet an sein Versprechen erinnert, glaubt Gertrude, dass Hamlet wirklich von Sinnen ist, da sie den Geist nicht sehen kann.

Der Geist erscheint erneut

Hamlet trägt ihr auf, das königliche Bett zu meiden und teilt ihr mit, dass er in Begleitung von Rosencrantz und Guildenstern nach England reisen muss. Während er Polonius aus dem Zimmer zieht, verabschiedet er sich von seiner Mutter.

IV. Akt

Hamlet soll ermordet werden

1. Szene

Königin Gertrude erzählt dem König, was sich in ihrem Zimmer abgespielt hat. Claudius ist zutiefst erschreckt und sieht die Chance, Hamlet endgültig vom Hof zu entfernen, indem er ihn nach England schickt. Der König teilt Rosencrantz und Guildenstern mit, was sich mit Polonius ereignet hat und beauftragt sie, den Toten zu finden. In Anwesenheit der Königin will er nun seinem Hofrat das Ereignis um Polonius mitteilen.

Hamlet soll nach England geschickt werden

2. Szene

Guildenstern und Rosencrantz gehen ihrer Aufgabe nach und fragen Hamlet, wo sie Polonius' Leiche finden können. Hamlet ist auf beide Herren nicht gut zu sprechen, gibt weiterhin den Verrückten und macht sich über sie lustig: "The body is with the King, but the King is not with the body." (IV, 2, 26 f.) Er deutet damit an, dass

Hamlet gibt weiterhin den Wahnsinnigen

der Leichnam bei seinem Vater, dem ermordeten König, die letzte Ruhe gefunden hat. Eine konkrete Antwort gibt er nicht.

3. Szene

Hamlet soll in England ermordet werden

Der König ist außerordentlich verärgert und will von Hamlet wissen, wo der Leichnam zu finden sei. Claudius teilt Hamlet nun offiziell mit, dass er aufgrund seines Vergehens und zu seinem eigenen Schutz nach England geschickt werden soll. Hamlet nimmt diese Aussage zur Kenntnis.

Kaum ist Hamlet mit den Wachen entschwunden, lässt Claudius in einem kurzen Monolog wissen, dass er dem tributpflichtigen englischen König per Brief den Auftrag gibt, Hamlet zu ermorden.

4. Szene

Die norwegische Armee zieht durch Dänemark unter der Führung des jungen Fortinbras in Richtung Polen. Hamlet, auf dem Weg nach England, stellt sich vor, wie viele Menschen wegen eines geringen Landgewinns ihr Leben lassen müssen, abgesehen von den Kosten des Unternehmens. Er beginnt seinen Monolog: “How all occasions do inform against me …” (IV, 4, 32), worin er über die Unsinnigkeit solcher kriegerischer Unternehmungen sinniert, die letztlich nur Tod und Elend über die Menschen bringen und stellt seine unentschlossene, träge Rache dem tatkräftigen Handeln Fortinbras’ gegenüber.

5. Szene

Ophelia ist wahnsinnig geworden

Während Hamlets Abwesenheit sehen sich Horatio und die Königin einer wahnsinnig gewordenen Ophelia gegenüber, da sie den Tod ihres Vaters und die hohen Belastungen nicht verkraftet hat. Ophelia singt Lieder über einen toten Liebhaber und den Sankt Valentins Tag, ohne zu wissen, was um sie herum geschieht.

Dann wird es laut im Palast: Ein wütender Laertes, aus Paris zurückgekehrt, will vom König erfahren, was mit seinem Vater geschehen ist, da er diesem die Schuld an dessen Tod gibt. Der König versucht zunächst, Laertes zu beruhigen und erklärt ihm, dass er nicht am Tod des Vaters schuldig sei. Da öffnet sich die Tür und Ophelia tritt mit Blumen in der Hand in den Raum. Laertes ist unendlich traurig über Ophelias Zustand und zutiefst bestürzt: "A document in madness: thoughts and remembrance fitted" (IV, 5, 175 f.) Der König gibt Laertes zu verstehen, dass er mit ihm leidet.

Laertes kommt zurück

Laertes beschwert sich schließlich noch, dass nicht einmal eine Gedenktafel an den Tod seines Vaters erinnert. Beide, Claudius und Laertes, wollen gemeinsam den Schuldigen suchen. Der König gibt sich dabei sehr diplomatisch: "And where th'offence is, let the great axe fall." (IV, 5, 214) Laertes scheint sich zunächst mit diesem königlichen Spruch zufriedenzugeben.

6. Szene

Seeleute überbringen Horatio einen Brief von Hamlet, der ihn informiert, dass er von Piraten gefangen wurde, mit ihnen nach Dänemark zurückgekehrt ist und ihn in aller Kürze sehen möchte. Er teilt ihm außerdem mit, dass Guildenstern und Rosencrantz weiterhin Richtung England unterwegs sind.

Hamlets Rückkehr

7. Szene

In einem Zwiegespräch kommt nun klar und deutlich zum Ausdruck, dass der König Hamlet beseitigen möchte; er unterstützt Laertes' Racheplan. Eine öffentliche Verhaftung kommt aber nicht in Frage, da ihn seine Mutter vergöttert und er beim Volk sehr beliebt ist. Überrascht nehmen sie einen Brief Hamlets entgegen, der dessen Ankunft für den nächsten Tag ankündigt.

Intrige gegen Hamlet

Der König schmiedet einen hinterhältigen Plan, wie er Hamlet endlich beseitigen kann. Laertes soll das Werkzeug sein. Da Laertes' Fähigkeiten als Fechter hinreichend bekannt sind, ist damit zu rechnen, dass Hamlet die Herausforderung zu einem Degenduell gerne annehmen wird. Laertes soll dabei ein scharfes und Hamlet ein stumpfes Schwert erhalten. Laertes nimmt den Vorschlag an und will zusätzlich seine Schwertspitze mit Gift versehen, sodass der kleinste Kratzer ausreicht, um Hamlet aus dem Weg zu räumen ("I'll anoint my sword ... that if I gall him slightly / It may be death." IV, 7, 139–47). Zur Absicherung des Planes will Claudius einen Becher mit vergiftetem Wein bereitstellen.

Ophelia ist ertrunken

Kaum sind sich die beiden Männer einig, kommt Gertrude mit der schrecklichen Nachricht: "Your sister's drowned, Laertes." (IV, 7, 163) Tief traurig zieht Laertes davon, er will sich für seine toten Familienmitglieder an Hamlet rächen. Der König bringt Gertrude gegenüber seinen Kummer zum Ausdruck, indem er ihr mitteilt, wie sehr er doch bemüht gewesen sei, Laertes zu beruhigen. Der vom König ausgeheckte finstere Plan nimmt seinen Lauf.

V. Akt

Gift hat alle dahingerafft: Hamlet, Laertes, Gertrude und Claudius

1. Szene

Hamlet und die Totengräber

Ein Totengräber, der seiner Arbeit nachgeht, und ein Kollege streiten sich, ob es rechtens sei, ein christliches Begräbnis für Ophelia zu gestatten, wenn man doch ziemlich sicher sei, dass sie Selbstmord begangen habe. Sein Kollege ist sich sicher: "If this had not been a gentlewoman, she should have been burried out a' Christian burial" (V, 1, 23 f.)

Hamlet und Horatio kommen an der Grabstätte vorbei und hören den Totengräber ein Liebeslied singen. Hamlet ist entrüstet über solche Gleichgültigkeit. Im Gespräch mit dem Totengräber erfährt er, dass der schon am Tage der Geburt des jungen Hamlet im Dienst des Königs war. Beim Grabausheben kommt neben anderen Gebeinen der Totenschädel des ehemaligen Hofnarren Yorick zutage. Während Hamlet sich noch über diesen Toten sowie die Sterblichkeit und Vergänglichkeit des Menschen seine Gedanken macht, nähert sich ein Leichenzug, vor dem sich Hamlet und Horatio zunächst verbergen. Zu Hamlets Bestürzung handelt es sich um Ophelias Begräbnis. Aus Wut und Trauer springt Laertes in Ophelias Grab, um sich von ihr zu verabschieden. Hamlet gibt sich zu erkennen und springt hinterher, woraufhin es zu einem Gerangel zwischen ihm und Laertes kommt. Nachdem die Ringenden getrennt worden sind, bittet der König Horatio, auf Hamlet aufzupassen. Laertes fordert er zu Geduld auf und verspricht, den Racheplan bald in die Tat umzusetzen (V, 1, 280).

Ophelias Begräbnis

2. Szene

Hamlet tritt mit Horatio auf und teilt diesem ausführlich mit, was sich auf dem Schiff zugetragen hat: In dem Brief an den englischen König, den er durch Zufall öffnen konnte, hat Hamlet von der Absicht Claudius' erfahren, ihn ohne Urteil hinrichten zu lassen. Daraufhin hat er den Brief gefälscht, indem er anstelle seines Namens die Namen von Guildenstern und Rosencrantz eingesetzt und den Brief wieder mit dem Siegel seines Vaters, das er zufällig bei sich trug, versiegelt hat. Dann gibt Hamlet Horatio zu verstehen, dass ihn der Streit mit Laertes leid tue.

Hamlets Erlebnisse auf dem Schiff

Während dieser Unterhaltung tritt Herr Osric hinzu und teilt Hamlet in gestelzter Sprache mit, dass Laertes ihn zu einem Fechtduell herausfordere. Der König habe sechs Berberhengste darauf gewettet, dass Laertes keine drei Treffer Vorsprung gegenüber Hamlet haben werde.

Hamlet stimmt zu, da er davon ausgeht, dass es sich um ein freundschaftliches Gefecht handeln würde, auch wenn er bereits eine düstere Vorahnung hat.

Das Degenduell

Der Fechtkampf beginnt, und Hamlet gewinnt die erste Runde problemlos. Der König reicht Hamlet den Kelch mit dem vergifteten Getränk, aber Hamlet fühlt sich noch nicht durstig. Er stellt den Kelch auf den Tisch, dicht neben die Königin, die nun ihrerseits ihm zuprosten will. Der König will sie noch am Trinken hindern, aber sein Ausruf, "Gertrude, do not drink" (V, 2, 277), kommt zu spät.

Hamlet wird in einem weiteren Durchgang leicht von Laertes' Degen getroffen, wodurch er ebenfalls vergiftet wird. Beim Zweikampf fällt Laertes der Degen zu Boden, Hamlet hebt ihn auf und trifft Laertes am Arm, der nun weiß, dass auch sein Ende gekommen ist. Die Königin stirbt. Laertes deckt nun die ganze Intrige auf und berichtet Hamlet von dem Gift an der Degenspitze und im Wein und nennt den Schuldigen: "the King, the King's to blame" (V, 2, 305). Wutentbrannt stürzt sich Hamlet, dem Tode geweiht, auf den König, durchbohrt ihn und zwingt ihn, den Rest des Becherinhalts zu trinken: "Drink off this potion … Follow my mother." (V, 2, 310 f.) Der König stirbt.

Hamlets und Polonius' Familie sind ausgelöscht

Bevor Laertes stirbt, versöhnt er sich mit Hamlet. Hamlet weiß genau, dass er ihm folgen wird und vertraut sich seinem Freund an: "Horatio, I am dead, / Thou livest, report me and my cause aright / To the unsatisfied." (V, 2, 322–324) Der getreue Horatio will auch aus dem Becher trinken, aber Hamlet mahnt ihn, dies nicht zu tun. Denn für die Nachwelt wird seine Aufgabe darin bestehen, die Geschichte weiterzuerzählen. Es folgt sein berühmter Satz: "The rest is silence" (V, 2, 342).

Der junge Fortinbras kehrt von seinem Polenfeldzug zurück und erweist Hamlet die letzte Ehre. Ohne dass er irgendetwas dafür getan hat, ist Dänemark auf Hamlets Wunsch hin an ihn gefallen. So sind am Ende sowohl Hamlets als auch Polonius' Familie ausgelöscht.

3.3 Aufbau

ZUSAMMENFASSUNG

Das Drama *Hamlet* besteht aus fünf Akten. Diese Einteilung stammt aber nicht von Shakespeare, sie wurde erst nachträglich von den Herausgebern vorgenommen.
Handlungsort ist Schloss Elsinore in Dänemark, eine Szene spielt an der dänischen Küste (IV, 4), eine im Friedhof (V, 1). Die von Aristoteles geforderte Einheit der Zeit wird nicht eingehalten, da sich die Handlung über mehrere Wochen erstreckt. Die Einheit der Handlung kann als gegeben angesehen werden.

Die Grundstruktur der Handlung

I. EXPOSITION/ EXCITING FORCE	II. RISING ACTION	III. CLIMAX	IV. FALLING ACTION	V. CATASTROPHE
Hamlets Vater erscheint als Geist. Seine Aussage, Claudius habe ihn ermordet, erschüttert Hamlet. Der Geist fordert Rache.	„Spionage"-Akt: Polonius lässt Laertes in Paris bespitzeln, Rosencrantz und Guildenstern werden von Claudius auf Hamlet angesetzt. Hamlet will mithilfe der Schauspieler die Wahrheit ergründen.	Hamlet lässt die Schauspieler den Mord an seinem Vater nachspielen, Claudius geht in die Falle. Hamlet attackiert Ophelia und seine Mutter. Hamlet tötet Polonius.	Hamlet wird von Claudius nach England geschickt; er kann seine Ermordung abwenden und lässt Rosencrantz und Guildenstern an seiner Stelle hinrichten; Ophelia ertrinkt im Fluss. Claudius paktiert mit Laertes, der den Tod seines Vaters rächen will.	Ophelias Beerdigung, Kampf Hamlets mit Laertes im Grab; Im Laufe des Degenduells sterben Hamlet, Laertes, Claudius und Gertrude. Nur Horatio überlebt.

Introduction/ Exposition

Da ist zunächst die Exposition oder auch Introduction, die uns mit dem „Wo" (setting) und den Charakteren bekannt macht. Hamlet und sein Widersacher Claudius treten auf. Außerdem werden Andeutungen über die Atmosphäre in Dänemark gemacht: ein Krieg gegen Norwegen ist möglich. Nach Gustav Freytag umfasst die Einleitung die ersten drei Szenen des ersten Aktes, in denen wir auf den Auslöser der Tragödie aufmerksam gemacht werden, nämlich auf den Tod des alten Königs Hamlet. Die Zeiten in Dänemark sind unruhig, was eine besondere Wachsamkeit der diensttuenden Wachen nach sich zieht.

Exciting Force

Den nächsten Schritt bildet die Exciting Force (erregendes Moment). Das ist in unserem Fall zunächst der Hinweis auf das Erscheinen des Geists des alten Königs Hamlet, vom Wachpersonal observiert, und das darauf folgende Aufeinandertreffen Hamlets mit seinem ‚Geist-Vater' (I, 4/5), der ihm von seiner Ermordung durch seinen Bruder Claudius berichtet und Rache fordert. Die Rising Action (steigende Handlung) wird fortgesetzt bis in den dritten Akt, Szene 1. Hamlet will herausfinden, ob die Anschuldigung seines Vaters gegen Claudius zutrifft. Dass fahrende Schauspieler einen Abstecher zum Schloss Elsinore machen, kommt ihm sehr zupass. Er traut der Geisterfigur noch nicht so recht und will durch eine gespielte Szene *The Murder of Gonzago* sichergehen, dass Claudius am Tode seines Vaters schuld ist.

Climax

Der Höhepunkt (Climax), den die alten Griechen Epitasis nannten, tritt in III, 2 ein, als der König abrupt den Saal verlässt, und verstört und empfindlich getroffen, ausruft: "Give me some light! – Away" (255). In III, 3 bekennt der König seine Schuld im Gebet, während Hamlet zufällig vorbeikommt. Die Möglichkeit, Claudius zu töten, ist gekommen, aber Hamlet kann sich nicht entschließen, weil er den anscheinend betenden König damit in den Himmel senden würde anstatt in die Hölle.

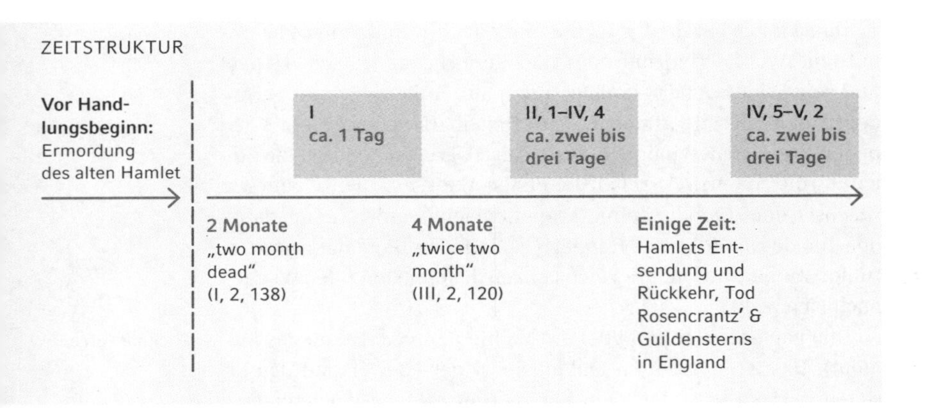

Falling Action

Die Falling Action (fallende Handlung) wird ausgelöst durch den Tod des Polonius durch Hamlets Degen (III, 4). Polonius will hinter dem Vorhang in Gertrudes Zimmer das Gespräch zwischen Mutter und Sohn abhören. Hamlets Vermutung, den König getötet zu haben, trifft noch nicht zu. Die Falling Action endet mit Akt V, Szene 1. In dieser Szene wird sogar noch ein „comic relief" eingeschoben, die Totengräberszene, die die Spannung etwas zurücknimmt.

Catastrophe

Die Catastrophe (V, 2) ist gleichzeitig das Ende. Diese Szene wird von einigen Fachleuten als Höhepunkt angesehen, da nicht nur Claudius getötet wird, sondern auch die anderen drei Hauptfiguren (Hamlet, Laertes, Gertrude) durch Gift zu Tode kommen. Damit endet Hamlets Rachefeldzug, aber auch sein Leben. Laertes hat, wenn auch unter falschen Voraussetzungen, seinen Vater gerächt, allerdings mit der Zuhilfenahme von Gift, was letztlich zu seinem Tod führt.

Hamlet als Rachetragödie

Hamlet ist eine Rachetragödie, wie sie beim elisabethanischen Publikum äußerst beliebt war: Dem adeligen Helden geschieht zumeist vor Beginn der eigentlichen Handlung ein Unrecht (hier: die Ermordung des Vaters), wofür er sich an seinem ebenbürtigen Widersacher (hier: Claudius) rächen muss, um die Gerechtigkeit wiederherzustellen. Das Rachevorhaben kann begleitet sein von zeitweiligem Wahnsinn, moralischen Zweifeln und dem Zögern des Rächers, die Rache auszuführen. Auch das Auftreten eines Geistes ist typischer Bestandteil einer Rachetragödie, genauso wie brutale Grausamkeit. All diese Elemente finden sich auch in Shakespeares *Hamlet*.

3.4 Personenkonstellation und Charakteristiken

ZUSAMMEN-FASSUNG

Die Personenkonstellation in *Hamlet* konzentriert sich im wesentlichen auf drei Gruppen:
Die königliche Familie, Polonius' Familie, die sich dem Königshaus verbunden fühlt, Hamlets Freunde/Studienkollegen.

1. Das Königshaus

→ Hamlet
ca. 30 Jahre alt, melancholisch, nachdenklich, manchmal aber auch unbeherrscht; spielt den Wahnsinnigen

→ Claudius
wortgewandt, korrupt, einschmeichelnd, hinterlistig

→ Gertrude
Hamlets Mutter und Gattin des Claudius; lüstern (?), standesbewusst

2. Das höfische Personal

→ Polonius
Berater des Königs, hält sich für sehr eloquent, wirkt dabei aber lächerlich

→ Laertes
Polonius' Sohn, in Paris studierend, liebt seine Schwester und erlebt während seiner Anwesenheit in Schloss Elsinore ihren Untergang, kämpft mit Hamlet auf Claudius' Plan hin ein tödliches Degenduell aus

→ **Ophelia**
Polonius' Tochter und ehemalige Freundin Hamlets, der Tod ihres Vaters durch Hamlet treibt sie in den Wahnsinn, ihr Tod im Fluss kann als Selbstmord ausgelegt werden

3. Studienfreunde Hamlets
→ **Horatio**
Studienfreund Hamlets, rational, ehrlich, besonnen; hat die Aufgabe, nach Hamlets Tod dessen Geschichte der Nachwelt zu überliefern
→ **Rosencrantz & Guildenstern**
Studienfreunde Hamlets, lassen sich vom König für seine perfiden Pläne einspannen, sterben in England, weil Hamlet den Brief fälscht, der ihn als Opfer ausersehen hat.

Das Königshaus

Hamlet

Er ist ohne Zweifel die bekannteste Figur, die aus der Feder William Shakespeares hervorgegangen ist und gleichzeitig ein Geschöpf, wenn auch nur ein fiktionales, das uns der Gedankenwelt des elisabethanischen England annähert.

Nachdenklich und melancholisch

Er ist nicht nur nachdenklich und melancholisch, sondern auch, insbesondere in seinen Monologen, ein Philosoph, der sich Gedanken über das menschliche Dasein macht, warum ein Mensch sterben muss oder ob Selbstmord zu den Spielregeln des Lebens zählt; dabei wirft er aber in erster Linie Fragen auf. Er besucht die Universität, ist gebildet und zeigt Interesse an der Schauspielerei. Hamlet scheint einst ein edler junger Prinz und vielversprechender Thronfolger gewesen zu sein. Er, der Sohn aus gutem Haus,

Laurence Olivier als Hamlet in seiner Verfilmung von 1948 © Cinetext

hat mit seinem Studium in Wittenberg den Grundstein gelegt, um demnächst in die Fußstapfen seines Vaters zu treten und König zu werden. Doch der überraschende Tod des Vaters gibt dem jungen Mann plötzlich eine neue Richtung.

Gespielter Irrsinn

Hamlet gibt sich voll der Trauer hin, kleidet sich ganz in schwarz und kann die Vermählung seiner Mutter mit Claudius nicht verkraften. Er sieht, gerade aus einem deutschen Fürstentum zurückgekehrt, seine Heimat nicht als ruhige Zufluchtsstätte an, sondern als Gefängnis, weil er von der Ermordung seines Vaters erfährt. Um den Wahrheitsgehalt der Aussagen des Geistes zu ermitteln, spielt er den Wahnsinnigen, er „put an antic disposition" (I, 5, 172); er redet wirr, erkennt vertraute Personen scheinbar nicht oder drückt sich ganz unverständlich aus, um seine Rachepläne ungehindert ausführen zu können.

Unbeherrschtheit

Hamlet kann aber auch höchst unbeherrscht reagieren. Die vielleicht eindeutigste Situation, die seine urplötzliche Unbeherrschtheit, aber auch sein Misstrauen allen Gegebenheiten des Lebens gegenüber andeutet, ist der Moment, in dem Hamlet ohne Zögern den Degen zieht und die Person, die sich hinter dem Vorhang im Zimmer seiner Mutter versteckt, mit einem Stoß ums Leben bringt. Als er das Ergebnis seines Handelns sieht, reagiert er fast zynisch seiner Mutter gegenüber: "A bloody deed – almost as bad, good mother, / As kill a king and marry with his brother" (III, 4, 27 f.). Die aufgeschreckte und aufgelöst wirkende Mutter kann sich sein rüdes Benehmen nicht erklären: "What have I done, that thou dar'st wag thy tongue / In noise so rude against me?" (III, 4, 38 f.). Aus dem Vaterrächer wird nun ebenfalls ein Vatermörder. Hat sie bisher wenig Verständnis für seine Situation, steigt ihr Unverständnis über Hamlets Verhalten noch beträchtlicher, als er plötzlich an ihr vorbeischaut und sich ihrer Meinung nach mit der Wand unterhält, denn Hamlet steht im Gespräch mit seinem Geist-Vater, der ihn an seine Aufgabe erinnert.

Seine Erregung über das schnelle Handeln seiner Mutter, seinen Onkel kurz nach dem Tod ihres Ehemannes zu ehelichen, ist in gewisser Weise nachvollziehbar, wenngleich er seiner Mutter auch mit übermäßiger Härte gegenübertritt. Sein Verhalten Ophelia gegenüber grenzt bereits an kalkulierte (?) Bosheit, er beleidigt sie derb und macht ihr Vorwürfe, obwohl er sie einmal geliebt hat. Ihn hat der schnelle Entschluss seiner Mutter, Claudius zu heiraten, zum Frauenhasser werden lassen. Und Ophelia, die sich allerdings von Claudius manipulieren ließ, Hamlet zu bespitzeln, kann sich sein wirres Verhalten nicht erklären.

Frauenhasser

Sein Mord an Polonius scheint ihn nicht sonderlich zu belasten, er spricht vielmehr noch verächtlich über den Toten. Auch die Tatsache, dass er seine früheren Freunde Rosencrantz und Guildenstern in den Tod schickt, lässt ihn als kaltherzig und grausam erscheinen.

Hamlet, der Rächer

Hamlet will die Rache am Tod seines Vaters vollziehen, nur den Zeitpunkt hat er nicht festgelegt. Ohne es zu wollen, tritt mit Laertes ein Mensch in seinen Gesichtskreis, der nichts anderes will als er: Rache für den toten Vater. Dass es dabei, geschickt durch Claudius eingefädelt, zum zunächst sehr einleuchtenden, fairen Degenkampf der beiden „Rächer" kommt, wird von Hamlet als sportliches Duell zweier guter Degenfechter angesehen. Die von Laertes allerdings vergiftete Degenspitze beendet das Leben beider jungen Männer. Für Hamlet bleibt nach Laertes' Geständnis, dass alles Unheil von Claudius ausgedacht sei, nur noch Zeit, sich für sein Tun bei Laertes zu entschuldigen: "Give me your pardon, sir, I have done you wrong." (V, 2, 212), was Laertes edelmütig akzeptiert, denn beider Ende naht.

Hamlets Rückkehr aus Wittenberg war zunächst gedacht, seinem Vater die letzte Ehre zu erweisen. Mit der schnellen Hochzeit seiner

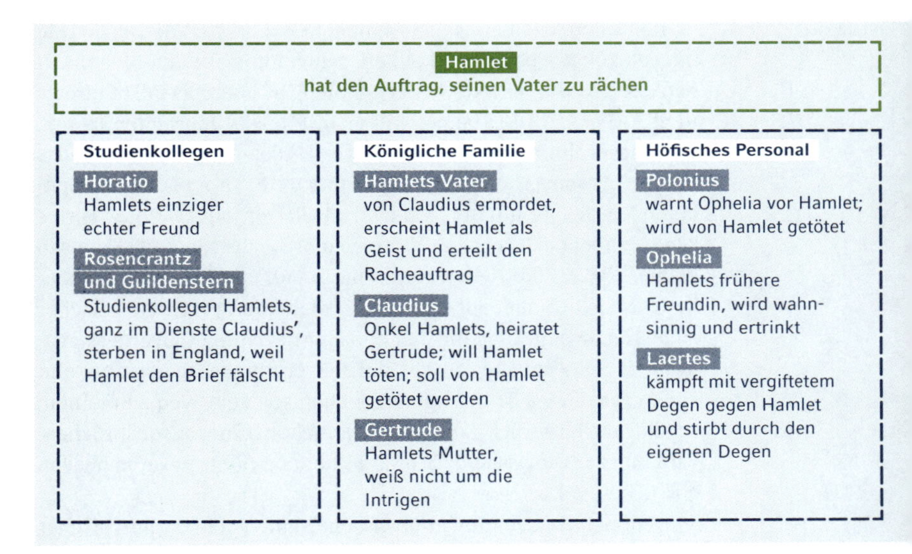

Mutter hat er allerdings nicht gerechnet. Jetzt sind sie beide mit dem von Hamlet geliebten Vater für immer – nolens volens – vereint.

Claudius

Gegenspieler Hamlets

Er ist der Gegenspieler Hamlets, beide wollen des jeweils anderen Tod. Er ist verschlagen, wortgewandt und denkt egoistisch nur an sein Wohl; aus Machtgier hat er seinen Bruder umgebracht und dessen Frau geheiratet. Claudius zeigt nach der Theaterinszenierung der Schauspieler, die die Ermordung von Hamlets Vater nachstellen, zwar Anflüge von Reue und Bestürzung über seine Tat, dennoch ist ihm der Nutzen, den er daraus gezogen hat (die Hochzeit mit der Königin und die Krone), wichtiger als alles andere.

Sieht sich in Gefahr

Der Tod des Polonius geht ihm nicht nahe, aber die Gefahr, die ihn selbst hätte bedrohen können, schlägt ihm auf den Magen: "It had been so with us had we been there / His liberty is full of threats to all." (IV, 1, 13 f.) Hamlet will er in England hinrichten lassen, weil dieser ihn als Mörder entlarvt hat. Dies misslingt, also muss Laertes als sein „Handlanger" in Aktion treten. Aber seine Manipulation Laertes' bringt ihn letztlich zu Fall. Der todgeweihte Laertes kann Hamlet noch zurufen: "I can no more ... the King, the King's to blame." (V, 2, 305) Keiner rührt eine Hand, um Claudius beizustehen, als sich Hamlet auf ihn stürzt und ihn den vergifteten Becher zu leeren zwingt. Claudius hat bei aller gezeigten Cleverness ausgespielt. Seine infame Absicht, mit der vergifteten Degenspitze und einem vergifteten Trunk Hamlet endlich aus dem Weg zu räumen, schlägt auf ihn zurück. Seine Aussage, schon früher ausgesprochen, wird nun zur Gewissheit: "Words without thoughts never to heaven go" (III, 4, 98).

Untypischer Bösewicht

Dennoch ist Claudius in gewissem Sinne auch ein untypischer Bösewicht. Er scheint kein schlechter König zu sein, seine Rede vor dem Gefolge (I, 2) lässt ihn als wortgewandten und souveränen Staatsmann erscheinen. Sein Nachsinnen über seine Tat weist darauf hin, dass er nicht völlig gewissenlos ist.

Gertrude

Gertrude ist die Mutter Hamlets und Witwe des ermordeten Königs. Kurz nach dessen Ermordung hat sie ihren Schwager, den Bruder des Königs, geheiratet.

Inzestuöse Verbindung

Heute würde sich kaum jemand über Gertrudes Verhalten aufregen. Die Elisabethaner dagegen legten andere Maßstäbe an Gertrudes Verhalten an, für sie war diese Verbindung inzestuös. Sie kannten noch die Erzählungen ihrer Eltern, die vom Ehebruch Heinrichs VIII. wussten, der sogar mit Rom brach und sich zum Oberhaupt der englischen Kirche machte, nur weil er sich scheiden lassen wollte von der Witwe seines toten Bruders. Als Elizabeth I. den Thron bestieg, musste sie sich in einer patriarchalischen Welt durchsetzen – auch als Königin von England. Ehegatten für Elizabeth waren weit und breit nicht zu sehen.

Lüstern und lasterhaft?

Anders bei Gertrude. Als Ehefrau des alten Hamlets wird sie nun nach der Wiederverheiratung von Hamlets Geist-Vater als "most seeming-virtuous queen" (I, 5, 46) bezeichnet, womit sie als Sexualobjekt des Bruders abgestempelt wird. Auch Hamlet beschimpft sie als lüstern und lasterhaft. Hamlet erzürnt der schnelle Schritt seiner Mutter zum Traualtar zutiefst. Ihr Tun schreit aus seiner Sicht zum Himmel: "frailty, thy name is woman!" (I, 2, 146). Ihr Verhalten ist für ihn nicht nachvollziehbar. Hamlet ist bei ihrer Unterredung in ihrem Zimmer wutentbrannt, befördert den Lauscher Polonius ins Jenseits und reagiert äußerst ungehalten, als der tote Polonius hinter dem zurückgezogenen Vorhang vor seine Füße fällt: "Thou wretched, rash, intruding fool, farewell." (III, 4, 30) Trotz des wirren Geredes Hamlets mit seinem Geist-Vater zeigt Gertrude mütterliche Gefühle gegenüber Hamlet, als sie Claudius von dem Vorfall in ihrem Zimmer berichtet: "[He] weeps for what is done." (IV, 1, 27) Das ist zwar objektiv falsch, aber aus der Sicht der Mutter, die ihren Sohn beschützen will, nachvollziehbar.

Ahnungslos hinsichtlich der Ermordung des Königs

Wenn wir nun genau auf Gertrude schauen, können wir feststellen: Sie hat sich zwischenmenschlich ungeschickt verhalten. Aber wir können dem Gespräch mit ihrem Sohn nicht entnehmen, dass sie von dem Mord an ihrem ersten Ehemann gewusst hat. Sie hat die Theaterinszenierung der fahrenden Schauspieler nicht als Nachstellung der Ermordung ihres ersten Mannes verstanden. Sie rügt Hamlet vielmehr dafür, Claudius mit dem Stück verletzt zu haben. Es ist also anzunehmen, dass sie nichts von dem Verbrechen gewusst hat.

Es stellt sich die Frage, was Gertrude dazu bewogen hat, ihren Schwager zu heiraten. Im Text findet sich zumindest kein Hinweis, dass bereits vor des alten Hamlets Tod eine sexuelle Verbindung bestanden hat. Gertrude muss als Frau in einer von Männern dominierten Welt versuchen, ihren Einfluss als Königin zu behalten, was ihr durch die Heirat mit Claudius gelingt. Ohne Zweifel ist sie auch dem Prunk am Hofe aufgeschlossen und will ihren Stand nicht verlieren. Sie versteht es, sich passend zu „verkaufen", um in dieser Männerwelt zu überleben.

Hochzeit aus praktischen Gründen

Dass sie am Schluss aus dem vergifteten Becher trinkt, mag auf eine mütterliche Regung zurückzuführen sein. Sie freut sich, dass ihr Sohn beim Duell so gut abschneidet: "The Queen carouses to thy fortune, Hamlet" (V, 2, 275). Diesen Schluck aus dem Becher, von dem der König weiß, dass er vergiftet ist, kann er nicht verhindern, auch wenn er sie noch vergeblich warnt: "Gertrude, do not drink" (V, 2, 277). Es ist zugleich ihr Abschied von der Weltenbühne. Sie hat sich – außer mit Hamlet – nie mit jemandem besonders angelegt. Man könnte fast sagen, sie stirbt aus Versehen.

Ghost

Das erste Erscheinen des Geistes lässt Hamlets Bekannte und Freunde irritiert aufschrecken. Sie sehen eine Figur in Kriegskleidung, aber sie entschwindet beim ersten Hahnenschrei, ohne etwas gesagt zu haben.

Bringt die Handlung in Gang

Bei seinem zweiten Auftritt spricht der Geist zu Hamlet. Was dieser zu hören bekommt, ist schrecklich. Der Vater muss für eine bestimmte Zeit als Geist umhergehen. Hamlet erfährt, dass der Vater von seinem eigenen Bruder ermordet worden ist. Der Geist ruft ihn zur Rache an seinem Mörder auf; der Mutter allerdings soll Hamlet nichts antun. Somit bringt der Geist die Handlung in Gang.

Das dritte Auftreten des Geistes im Beisein von Hamlets Mutter (III, 4, 101 f.), die den Geist allerdings nicht sehen kann, dient dazu, Hamlet an seinen Racheauftrag zu erinnern. Hamlets Mutter ist irritiert, Hamlet spricht mit der Wand! Sie kann aus ihrer Sicht nur zu einem Schluss gelangen: Der Sohn ist verrückt.

Das höfische Personal

Polonius

Polonius ist Staatsmann und engster Berater des Königs. Er ist seinem Herren stets dienstbar und unterwürfig. Von Claudius wird er als treu und ehrenwert bezeichnet, Hamlet nennt ihn einen Schwätzer.

Dienstbar und unterwürfig

Seine Servilität als Staatsdiener wird noch durch sein großes Maß an Misstrauen übertroffen, denn er lässt seinen Sohn – angeblich aus wichtigen Gründen – in Paris von seinem Diener Reynaldo bespitzeln. Seine Direktive ist nicht von schlechten Eltern: “And there put on him / What forgeries you please” (II, 1, 19 f.). Das ist nicht die feine Art eines Gentlemans.

Seine Autorität als Vater wird auch von Ophelia anerkannt, denn sie fügt sich seiner Anordnung, Hamlet zu vergessen: “This is for all, I would not, in plain terms ... As to give words or talk with the Lord Hamlet” (I, 3, 131–134). Ophelia hat weder die persönliche Kraft noch die gesellschaftliche Stellung, um dem Machtwort des Vaters zu widersprechen. Ihre Antwort ist unzweideutig: “I shall obey, my Lord” (I, 3, 136). Ihre Zuneigung zu Hamlet ist der väterlichen Autorität untergeordnet.

Autoritärer Vater

Polonius ist von sich und seinem Urteilsvermögen überzeugt. Er glaubt, Hamlets schlechter Gemütszustand habe seinen Ursprung in der unglücklichen Liebe zu Ophelia.

Überzeugt von sich und seinem Urteilsvermögen

Er hat es sich zur Aufgabe gemacht, als Lauscher im Dienst des Königs dem Zwiegespräch zwischen Mutter und Sohn zuzuhören.

Ohne Zweifel will er dem König einen besonderen Dienst erweisen, aber mit dem tödlichen Ausgang hat er sicherlich nicht gerechnet. Er opfert sich für das Wohl des Königs, auch wenn dieser dieses Opfer überhaupt nicht honoriert.

Warum ihre Mutter nicht zum Kreis der Familie zählt, ist für Shakespeare nicht von Wichtigkeit. Besonders in einigen seiner großen Dramen fehlt von vornherein der Lebenspartner, u. a. bei King Lear oder bei Henry IV.

Laertes

Laertes ist der Sohn des Polonius und der Bruder der Ophelia.

Ziel: Rache für den Tod des Vaters

Er befindet sich zur Krönung Claudius' am dänischen Hof, reist aber wieder nach Paris, wo er studiert. Dann hören wir von seiner Rückkehr, die nur auf ein Ziel ausgerichtet ist: Den Tod des Vaters zu rächen. Auch für Ophelias Tod gibt er Hamlet die Schuld.

Laertes scheinen Äußerlichkeiten sehr wichtig zu sein: er beklagt die schlichte Beerdigung und das schmucklose Grab seines Vaters. Auch für Ophelias Begräbnis wünscht er sich mehr Feierlichkeit.

Guter Fechter

Er ist ein guter Fechter, was dem König sehr gelegen kommt, denn mit Laertes' Hilfe will er den unverhofft aus England zurückgekehrten Hamlet nun endgültig ins Jenseits befördern. Laertes lässt sich von Claudius manipulieren und umschmeicheln. Gegen den höfischen Ehrenkodex hat er, um ganz sicherzugehen, seine Degenspitze vor dem Duell mit einem tödlichen Öl einbalsamiert. Unglücklicherweise fällt ihm der Degen nach der Verwundung Hamlets aus der Hand, was ihn selbst zum Opfer werden lässt, als die Degen versehentlich vertauscht werden. Der aufgestaute Hass Laertes' seinem Gegner gegenüber schlägt am Schluss, als er die Intrige des Königs todgeweiht erkennt, in Edelmut um: "Mine and my father's death come not upon thee / Nor thine on me." (V, 2, 314 f.)

Ophelia

Sie ist eine junge Frau in einer von Männern dominierten Welt. Sie könnte eine gute Partie durch eine Heirat mit Hamlet machen, als dessen Geliebte sie zu Beginn des Stückes vorgestellt wird. Aber ihr Vater und ihr Bruder geben sich sehr abweisend und lassen sie ihre Abneigung auch deutlich spüren: "And keep you in the rear of your affection / Out of the shot and danger of desire." (I, 3, 34 f.) Die Anspielung auf sexuelle Gelüste – vom Mann ausgehend – werden ihr deutlich vor Augen geführt. Ophelia hört aufmerksam zu und weiß mit ihrer Antwort den Bruder zu beruhigen: "I shall the effect of this good lesson keep / As watchman to my heart." (I, 3, 45 f.) Sie ist gehorsam und bereit, Hamlets Annäherungsversuche zurückzuweisen. Ob es allerdings bereits sexuellen Kontakt zwischen Hamlet und Ophelia gegeben hat, kann dem Stück nicht zweifelsfrei entnommen werden.

Gehorsam

Als ihr der Tod ihres Vaters gemeldet wird, ist der starke Halt innerhalb der Familie verloren gegangen. Hamlets unflätige Worte, mit denen er sie traktiert hat – "Get thee to a nunnery" (III, 1, 121) –, tragen dazu bei, dass sie an ihrer augenblicklichen Situation des Alleingelassenseins verzweifelt. Aus dem tiefen seelischen Loch kommt sie ohne Hilfe anderer nicht mehr heraus. Die Welt, so wie sie sich ihr darstellt, kann ihre Psyche nicht mehr heilen. Zum bitteren Schluss landet sie im Fluss, der ihre Seele aufsaugt und in die Tiefe reißt. Kann man in ihrem Zustand noch von Selbstmord sprechen? Diese Frage wird wohl letztlich nicht beantwortet werden können. Der Schock über den Tod ihres Vaters durch Hamlets Hand macht sie wahnsinnig, ihre Leidensfähigkeit hat das allgemein gültige Maß überstiegen.

Zerbricht an ihrem Schicksal

Sie wird zwar auf Wunsch des Königs auf geweihtem Boden beerdigt, erhält aber kein gesungenes Requiem, weil sie als Selbstmörderin gilt.

Reynaldo

Reynaldo ist der Bote Polonius' und gleichzeitig der von ihm höchstpersönlich angeheuerte Spion, der Laertes in Paris überwachen soll. Er könnte kaum einfältiger von Shakespeare dargestellt werden. Seine Standard-Antwort ist dementsprechend: "Very good, my lord" (II, 1, 47) oder "Good my Lord" (II, 1, 68). Reynaldo geht seiner Aufgabe nach, und wir hören nichts mehr von ihm.

Studienfreunde Hamlets

Horatio

Wichtige Rolle

Er hat keine große Rolle im Drama und trotzdem ist seine Person wichtig. Dafür sprechen zwei Gründe: Einerseits soll er die Geschichte Hamlets nach seinem Tod an die Nachwelt weitergeben. Zum anderen hören wir viel von Hamlet und seinem Seelenzustand im Gespräch mit Horatio. Dieser weiß sehr wohl, dass er sich mit Hamlet nicht auf die gleiche Stufe stellen darf: "The same, my lord, and your poor servant ever." (I, 2, 162)

Hamlet will unbedingt wissen, was ihn nach Elsinore geführt hat: "My lord, I came to see your father's funeral." (I, 2, 176) Hamlet erwidert recht ironisch: "I think it was to see my mother's wedding." (I, 2, 178) Horatio ist anscheinend freiwillig und um Hamlet beizustehen angereist.

Er ist auch derjenige, der Hamlet von dem Geist der Nachtstunden erzählt, denn er hat die Gestalt des Vaters gesehen. Dass sein Vater durch das Schloss spukt, ist für Hamlet keineswegs unglaubwürdig; er will der Sache auf den Grund gehen, was Horatio gar nicht gut findet, aber nicht verhindern kann.

Einziger echter Freund

Hamlet kann sich auf Horatio verlassen wie auf keinen anderen Menschen. Er ist sein einziger echter Freund. Zum einen bittet er ihn, den König während des Schauspiels sehr genau zu beobachten, wenn die Schauspieler die von Hamlet gewünschte Passage sprechen. Er will wissen, ob er dem Geist trauen kann: "Observe my uncle" (III, 2, 75), legt er ihm sehr dringlich ans Herz und Horatio kommt zu einem klaren Urteil.

Ihm teilt Hamlet per Brief mit, wie es nach der Abfahrt nach England um ihn steht: "Rosencrantz and Guildenstern hold their course for England, of them I have much to tell thee." (IV, 6, 26 f.)

Soll Hamlets Geschichte der Nachwelt überliefern

Horatio will Hamlet in den Tod folgen. Er ist kein Mensch großer Worte, aber nach Hamlets Tod verkündet er, dem Auftrag des Toten unbeirrt folgend: "And let me speak to th' yet unknowing world / How these things came about." (V, 2, 363 f.) Er nimmt die Aufgabe, den Epitaph zu sprechen, sehr ernst und Hamlet, sein toter Freund, darf sich darauf verlassen.

Rosencrantz & Guildenstern

Von Claudius instrumentalisiert

Beide sind Studienkollegen Hamlets. Sie sollten eigentlich auf Claudius' Geheiß herausfinden, was die Ursache für Hamlets Gemütszustand ist. Hamlet stellt ihnen gleich beim ersten Zusammentreffen die Frage, die den beiden nicht angenehm ist: "In the beaten way of friendship, what make you at Elsinore?" (II, 2, 264 f.) Kleinlaut müssen sie Hamlet gegenüber zugeben: "My lord, we were sent for." (II, 2, 286) Sie haben sich vom korrupten König für seinen Plan einfangen lassen, bewirken können sie aber nichts.

Hamlet hat wenig Skrupel, seine beiden Begleiter auf der Fahrt nach England zu düpieren. Er findet den Brief, der sein Todesurteil beinhaltet. Er ändert den Inhalt und lässt an seiner Stelle Rosencrantz und Guildenstern vom englischen König vom Leben zum Tod befördern. Ihr Abgang mag schicksalhaft sein, aber ihr Mitwirken an des Königs Intrige kann als gerechte Bestrafung für ihre „Spionagetätigkeit“ angesehen werden.

Die Personen im gesellschaftlichen Kontext

Nobility

Hamlet ist ohne weiteres der **nobility** zuzuordnen. Durch die überstürzte Heirat seiner Mutter wird er zwar zum Frauenhasser, seine Mutter aber ist durch diesen ehelichen Akt weiterhin der Upperclass zuzurechnen. Somit scheint sie nicht nur aus sexuellen Motiven, sondern auch aus Statusgründen in dieser patriarchalischen Gesellschaft gehandelt zu haben.

Gentry

Polonius gehört ebenfalls der staatstragenden Gesellschaft an, wenn auch nicht der nobility, so doch der **gentry**. Er hat sich den vorherrschenden Gegebenheiten angepasst und tut alles, um König Claudius zu Diensten zu sein. Laertes redet seiner Schwester Ophelia ein, dass eine Heirat mit Hamlet für sie nicht in Frage käme, da sie seiner Meinung nach nur als Spielball für Hamlets Gelüste dienen würde.

Historische Bezüge

Die Unterbrechung der Blutlinie von Vater auf Sohn in der Thronfolge hat auch seinen Hintergrund in der englischen Geschichte: "The fear of civil war, backed by foreign intervention, grew more acute than ever. The succession to the throne remained unsettled."[20] Hamlet, zögernd seinen machthungrigen Onkel zu töten, selbst als die Gelegenheit gegeben ist, verkörpert daher nicht mehr den Renaissance-Menschen, sondern den Menschen der neuen Welt, in der England außenpolitisch die ersten Schritte zur uneingeschränkten Seemacht tut, aber innenpolitisch durch die Auseinandersetzungen zwischen Katholizismus mit der schottischen Königin Mary als Leitfigur und der anglikanischen Verwandten, Elizabeth, als kirchliches und staatliches Oberhaupt, nicht zur Ruhe kommt. Zwei Frauen tragen zum ersten Mal einen Kampf auf Leben und Tod gegeneinander aus, der nur von der anglikanischen Königin „ge-

Elizabeth vs. Mary

---

20 Salingar, S. 62.

Claudius, Hamlet, Gertrude; Gastspiel des Old Vic Theatres am Originalschauplatz in Helsingör © Cinetext

wonnen“ wird, weil ihre männlichen Ratgeber, ihre „Poloniusse“, sie letztlich aus Staatsraison überreden, der Enthauptung Marys zuzustimmen. Verwandtschaftliche Beziehungen spielten auch in der Wirklichkeit eine untergeordnete Rolle. Letztlich hat auch Ophelia unter der Dominanz der Männer zu leiden, aber ihr Wahnsinn hat Ursachen: “The disorder in her songs symbolizes the disorder in her world.”[21] Die aufgeheizte Stimmung am dänischen Hof führt zunächst zum Tod ihres Vaters, dann zu ihrem eigenen Ableben und schließlich zum Tode aller Hauptpersonen. Erinnerungen an die

Rosenkriege

---

21 Salinger, S. 90.

Rosenkriege in England, wo sich die Upperclass aus Anhänglichkeit an ein bestimmtes Haus gegenseitig niedermetzelte, werden bei den Theaterbesuchern um 1600 zusätzlich wach.

So lässt sich das Elisabethanische England durchaus mit der Gesellschaft in Dänemark vergleichen: "Both were transitional societies ... In Claudius' new world, conflict was to be resolved by diplomacy and scheming."[22] Weil Claudius' Ränkespiel, in dem er Laertes als sein Werkzeug benutzt, nicht aufgeht, hat Hamlet schließlich die Kraft, seine Aufgabe als Rächer zu vollenden, aber nur auf Kosten seines eigenen Lebens.

22 Gibson, S. 62 f.

3.5 Sachliche und sprachliche Erläuterungen

Schloss Elsinore

Da steht der Besucher vor dem Schloss Kronborg, das in Shakespeares *Hamlet* Elsinore heißt. Sobald der Reisende am Schloss ankommt, nahe der dänischen Stadt Helsingör, kann er den Blick über den Öresund, die Meerenge zwischen Dänemark und Schweden, schweifen lassen. Bei gutem Wetter wird man die schwedische Stadt Helsingborg sehen können, die etwa vier Kilometer von der dänischen Küste entfernt liegt.

Nicht Shakespeares *Hamlet* hat dieses Schloss so populär gemacht, sondern eine Gestalt, die um das Jahr 800 zu einer dänischen Legende geworden ist: Holger, der Däne. Sein Grab im Schloss kann besucht werden. Der Sage nach wird er, sobald eine ausländische Macht Dänemark angreifen will, aus seinem ewigen Schlaf erwachen und seinem Land zu Hilfe kommen.

Aber dieses Schloss hat die Zuschauer eines Shakespeare-Dramas wohl an Schlösser und Burgen in der Umgebung Londons erinnert, besonders an den aufgrund seiner blutigen Geschichten bekannten Tower.

Nichtsdestoweniger steht eines fest: Schweden und Dänemark führten häufig – besonders im 16. und 17. Jahrhundert – Kriege gegeneinander. Dass der Norweger Fortinbras durch Dänemark nach Polen ziehen will, spielt in diesem Zusammenhang eine untergeordnete Rolle.

Die im Folgenden aufgelisteten Erläuterungen sollen nur einige wichtige Passagen erklären, eine umfassende Deutung wird nicht angestrebt, da letztlich auch die Anmerkungen des zugrundeliegenden Reclam-Bandes sehr hilfreich sind.

I, 1, 97 f.	[Young Fortinbras] Hath in the skirts of Norway here and there / Sharked up a list of lawless resolutes	Horatio erklärt u. a. Marcellus, warum sie Wache halten müssen: Der junge Fortinbras hat in entlegenen Gebieten Norwegens eine Bande gesetzesloser Draufgänger für einen Feldzug gegen Dänemark aufgetrieben, um seinen Onkel zu rächen, der vom alten Hamlet besiegt worden war.
I, 2, 62	Take thy fair hour, Laertes …	König Claudius ermutigt Laertes, sich während seines Studiums in Paris nicht nur den Büchern zu widmen …
I, 2, 70–73	Do not for ever with thy vailèd lids / Seek for thy noble father in the dust, / Thou know'st 'tis common, all that lives must die, / Passing through nature to eternity	Hamlets Mutter Gertrude bittet ihren Sohn, daran zu denken, dass alle Menschen sterben müssen. Ihr Schmerz über den Verlust des Ehegatten scheint nicht außergewöhnlich groß zu sein. In diesem Text macht Shakespeare Gebrauch von einem „Eye Rhyme". „Die" und „eternity" reimen sich nur von der Schreibweise her.
I, 2, 139 f.	So excellent a king, that was to this / Hyperion to a satyr, so loving to my mother…	Old Hamlet – Hyperion; Claudius – a satyr; Hamlet vergleicht seinen Vater mit dem Titan Hyperion, der laut griechischer Mythologie Vater der Sonne und des Mondes ist. Ein Satyr ist halb Mensch, halb Ziege; man hielt diese Geschöpfe für sehr ausschweifend, sinnlich und weinliebend. Der Kontrast zwischen seinem Vater und Claudius kann nicht größer sein.
I, 5, 156	Hic et ubique?	Hamlet gibt mit diesem Spruch zu erkennen, dass er Student mit Lateinkenntnissen ist. Hamlet verpflichtet seine Mitstreiter (Horatio, Marcellus) „hier und überall" zu schwören, niemandem von der Geistererscheinung zu erzählen.

II, 1, 76–79	Lord Hamlet, with his doublet all unbraced, / No hat upon his head, his stockings fouled, / Ungartered, and down-gyvèd to his ankle.	In dieser Situation schildert Ophelia ihrem Vater Hamlets Geisteszustand. Hamlets Kleidung ist alles andere als standesgemäß, sondern verschmutzt und erbarmungswürdig.
II, 2, 427–429	One speech in't I chiefly loved – 'twas Aeneas' tale to Dido, and thereabout of it especially where he speaks of Priam's slaughter.	Hamlet erwähnt das epische Gedicht, die Aeneis von Vergil, in der es um die Eroberung von Troja mit Hilfe eines hölzernen Pferdes geht, in deren Verlauf der alternde trojanische König Priamos von Pyrrhus, dem Sohn des Achilles, grausam erschlagen wird.
III, 2, 7–13	O, it offends me to the soul to hear a robustious periwig-pated fellow tear a passion to tatters, to very rags, to split the ears of the groundlings, who for the most part are capable of nothing but inexplicable dumbshows and noise. I would have such a fellow whipped for o'erdoing Termagant, it out-herods Herod!	Im Zusammenhang mit dem „play within the play" lässt sich Hamlet in derber Kritik über die „groundlings"(Stehplatzbesucher) aus, die seiner Meinung nach nicht den eigentlichen Aussagegehalt eines Stückes verstehen, sondern sich nur an besonders gewalttätigen Figuren wie der des tyrannischen Termagant oder des Kindsmörders Herodes (aus der Bibel bekannt) ergötzen können.
III, 2, 74–79	Even with the very comment of thy soul / Observe my uncle; if his occulted guilt / Do not itself unkennel in one speech / It is a damnèd ghost that we have seen / And my imaginations are as foul / As Vulcan's stithy.	Hamlet bittet seinen Freund Horatio um sein Urteil und fordert ihn auf, unbedingt die Reaktion des Königs zu beobachten, ob er sich möglicherweise beim „Spiel im Spiel" verrät oder ob sie einem bösen Geist aufgesessen sind. Der römische Feuergott Vulcan, der von den Elisabethanern mit der Unterwelt in Zusammenhang gebracht wurde, könnte sie zum Narren halten.

III, 4, 54–57	See what a grace was seated on this brow – / Hyperion's curls, the front of Jove himself / An eye like Mars to threaten and command / A station like the herald Mercury.	Im Gespräch mit seiner Mutter verklärt Hamlet seinen Vater. Für ihn war er Hyperion, der in der griechischen Mythologie ein Mensch mit gigantischen Kräften war. Seine Stirn ähnelte der des Gottes Jupiter (Jove), der als „Lord of Heaven" (Beherrscher des Himmels) im Altertum bekannt war. Und seine Kriegerstärke war dem römischen Kriegsgott Mars gleich. Seine Haltung vergleicht er mit der des Götterboten Merkur.
IV, 5, 25	By his cockle hat and staff ...	Ophelia knüpft in ihrer geistigen Verwirrung an landläufiges Wissen an. Dies geht zurück auf die biblische Figur des Jakob. Die Legende verbindet seinen Namen mit der Stadt Compostela in Spanien, wo Jakob angeblich gepredigt und gegen die Sarazenen gekämpft hat. So wurde diese Stadt zur Pilgerstätte und jeder Mensch zur Zeit Elizabeths I., der einen Hut in Form einer Herzmuschelschale trug (cockle hat), gab damit zu erkennen, dass er als Pilger unterwegs gewesen war. Man kann vermuten, dass Ophelia mit diesem Lied an Hamlets Reise nach England anknüpft.
IV, 5, 143–145	To his good friends thus wide I'll ope my arms / And, like the kind life-rend'ring pelican, / Repast them with my blood.	Laertes will nach seiner Rückkehr aus Paris den Tod seines Vaters rächen. Und in einer sprachlich sehr aufgeblasenen Form vergleicht er sich mit dem Pelikan, der selbstlos seine eigene Brust aufhackt, um mit dem ausfließenden Blut seine Jungen zu ernähren. Diese anscheinend aufopfernde Art sollte zu Shakespeares Zeit die selbstlose Haltung eines gebildeten Gentleman zum Ausdruck bringen. Laertes will allen, die ihm bei seinem Rachefeldzug helfen, mit offenen Armen entgegentreten.

IV, 7, 16–24	The other motive, / Why to a public count I might not go / Is the great love the general gender bear him, / Who, dipping all his faults in their affection, / Would, like the spring that turneth wood to stone, / Convert his gyves to graces, so that my arrows, / Too slightly timbered for so loud a wind, / Would have reverted to my bow again, / And not where I had aimed them.	Claudius erklärt Laertes, dass es aufgrund von Hamlets Beliebtheit beim Volk unmöglich sei, ihn wegen der Tötung seines Vaters gefangen zu nehmen. Man würde seine Gefangennahme nicht als Strafmaßnahme, sondern als Ehrenzeichen ansehen, damit hätte er, Claudius, mit seinen „Pfeilen" der Anklage keinen Erfolg. Vielmehr würden die aus leichtem Holz gefertigten Pfeile ihr Ziel nicht erreichen, sondern zu seinem Bogen zurückkehren, da Hamlet zu populär sei.
V, 1, 237–240	Now pile your dust upon the quick and dead, / Till of this flat a mountain you have made / T' o'ertop old Pelion, or the skyish head / Of blue Olympus.	Laertes lässt seinem unermesslichen Schmerz über den Tod seiner Schwester Ophelia freien Lauf: Dieser Verlust sei so groß wie das Pelion Gebirge hoch ist, dem die Titanen den Berg Ossa überstülpen wollten, um somit einen Zugang zum Götterhimmel Olymp zu erreichen, dem Sitz des Gottes aller Götter, Zeus.
V, 2, 325 f.	Horatio: I am more an antique Roman than a Dane – / Here's yet some liquor left	Horatio will Hamlet im Tode folgen. Doch dieser erinnert ihn daran, dass es seine Aufgabe sein wird, der Nachwelt von diesem Vorgang auf Schloss Elsinore zu berichten. Horatio will sich aber lieber wie ein Römer verhalten. Dieser begeht eher Selbstmord, wenn sein vorgesetzter Offizier getötet ist, als sich vom Feind gefangen nehmen zu lassen. (Anspielung auf Julius Caesar)

3.6 Stil und Sprache

ZUSAMMEN-FASSUNG

Shakespeares *Hamlet* ist sprachlich und stilistisch sehr facettenreich. Prosa oder Vers werden je nach Gesprächsteilnehmer und Situation verwendet. Der Text ist in einer bildreichen Sprache verfasst und weist eine Fülle an Wortspielen und Stilmitteln auf. Hamlets Monologe sind von großer Bedeutung und manche Zitate sind heute weltbekannt.

Prosa und Vers

Iambic pentameter

Zunächst muss die Frage beantwortet werden, warum Shakespeare in fast allen Dramen – mit Ausnahme von *Richard II* – nicht nur Prosa, sondern auch Verse verwendet. Eine allgemein akzeptierte Antwort lautet, dass Sprache sowohl heute als auch zu Zeiten Elizabeths I. Unterschiede in den sozialen Klassen aufdeckt. Außerdem wurde Prosa von den alten Griechen und Römern als literarische Form – besonders im Bereich des Theaters – nicht als akzeptabel angesehen. Und gerade den Schriftstellern aus der Antike wollten ihre „Kollegen" in England nachahmen. Es dauerte fast bis an das Ende des 14. Jahrhunderts, bis Geoffrey Chaucer in seinem literarischen Opus auf Mittelenglisch den „iambic pentameter" einführt:[23] Der Iambus ist ein Versfuß bestehend aus einer unbetonten und einer betonten Silbe. Ein „Pentameter" (penta = fünf) wiederum setzt sich aus fünf Versfüßen zusammen. Dieser „iambic pentameter" sieht folglich so aus:

> "O **thát** this **tóo** too **súll**ied **flésh** would **mélt**
> Thaw **ánd** re**sólve** it**sélf** int**ó** a **déw**" (I, 2, 129 f.)

23 Cudden, S. 497.

Jede Zeile besteht daher aus fünf betonten (fett) und fünf unbetonten Silben. Da sich die Zeilen in dem Vers fast nie reimen, wird dieses Versmaß auch „blank verse" genannt. Dieser Blankvers wurde im 16. Jahrhundert von Henry Howard, Earl of Surrey (ca. 1517–1547) eingeführt. Mit Hilfe des Blankverses hat Howard die griechische Sagensammlung der Aeneis (Bücher 2 und 4) ins Englische übersetzt.[24]

Markierung von Standesunterschieden

Die beiden oben angeführten Zeilen werden von Hamlet als Monolog gesprochen. Er gehört ohne Zweifel der „nobility", also der Upperclass an. Das Sprechen in Versen ist im *Hamlet* Personen höheren Standes vorbehalten. Sobald sich Hamlet mit Personen niederen Standes, z. B. mit Rosencrantz und Guildenstern oder den Schauspierlern, unterhält, spricht er in Prosa so wie es das einfache Volk (z. B. die Dörfler) ausschließlich tut.

Figurenspezifischer Sprechstil

Prosa wird ebenfalls von Ophelia gebraucht, als sie schon dem Wahnsinn anheimgefallen ist, was ihren geistigen Verfall im Verfall der Sprache wiedergibt. Auch Hamlet spricht zum Teil in Prosa, wenn er den Wahnsinnigen spielt (z. B. II, 2, 173–184). Summa summarum kann W. H. Auden nur zugestimmt werden, wenn er sehr treffend festhält: "Hamlet speaks verse in passionate scenes and soliloquies, and prose conversationally."[25] Die einzelnen Figuren kennzeichnet häufig ein ihnen eigener Sprechstil; so drückt sich Polonius gerne umständlich und oberlehrerhaft aus, Claudius pflegt ein sehr förmliches Sprechen, womit er seine Zuhörer einwickeln und überzeugen will.

Die vielleicht berühmteste Prosastelle sind Hamlets Gedanken über die Stellung des Menschen im Gefüge der Welt. Kaum haben die beiden ehemaligen Schulfreunde kleinlaut zugeben müssen,

---

24 Drabble, S. 950.
25 Auden, S. 160.

dass sie vom König an den Hof von Elsinore als „Aufpasser" auf Hamlet bestellt worden sind, spricht dieser folgende Worte:

> "what a piece of work is a man, how noble
> in reason, how infinite in faculties, in form and moving how
> express and admirable ..." (II, 2, 296–298).

Stilmittel

Nachdem die beiden vom König herbeizitierten Schulfreunde dieser Äußerung Hamlets lauschen, muss Guildenstern dem König gestehen, dass sie beide nicht viel über Hamlets Seelenzustand berichten können. Er antwortet mit Hilfe eines Oxymorons:

Oxymora

> "Nor do we find him forward to be sounded,
> But with a **crafty madness** keeps aloof" (III, 1, 7 f.)

Ein Oxymoron entsteht durch den Gebrauch sich anscheinend widersprechender Worte, in diesem Fall „crafty"und „madness", denn der Wahnsinn, den Hamlet seinen ehemaligen Schulfreunden vorspielt, kann nicht „listig" sein, denn diese Eigenschaft bezieht sich eher auf eine Person.

Ebenso kommt ein Oxymoron zur Anwendung, wenn König Claudius seinem Hofstaat mitteilt, dass er Gertrude mit **„defeated joy"** (I, 2, 10) zur Gattin genommen hat. Das Wort „defeated" passt nun gar nicht in diesen Zusammenhang, denn eine „besiegte Freude" ist eine Contradictio in adiecto. Shakespeare setzt diese Sprachmittel ein, um einerseits die lange, formale Rede des Königs besonders imposant erscheinen zu lassen, andererseits unternimmt Claudius damit einen Versuch, seine „Schuld" in ein besseres Licht zu stellen, weil er seine Schwägerin so schnell geheiratet hat. Eine Ehe mit der Frau seines Bruders ist ohne Zweifel für die Zuschauer des Globe Theaters ein eindeutiger Inzest, der sofort Misstrauen diesem König gegenüber hervorruft.

Wortspiele

Da nun Shakespeares Sprache besonders reich an Stilmitteln ist, darf ein weiteres Mittel nicht übersehen werden, das Hamlet bevorzugt einsetzt, nämlich das Wortspiel oder auch „pun“. Wie gut sich Hamlet dieses Stilmittels bedient, verdeutlicht folgende Passage, in der Claudius Hamlet mit einem gewissen Stolz seinen „son“ (I, 2, 64) nennt. Hamlets Erwiderung darf man in diesem Kontext als Reaktion auf den Ist-Zustand seiner Mutter sehen, die überhastet diese neue Ehe mit ihrem vormaligen Schwager eingegangen ist, was Hamlet bis auf das Blut reizt. Noch weiß er nicht von seinem Geist-Vater, dass Claudius ein egozentrischer Mörder ist. Seine Reaktion ist der Vielschichtigkeit der englischen Sprache zuzurechnen, denn auf das von Claudius benutzte Wort „son“ antwortet Hamlet verbindlich-unverbindlich: “Not so, my lord, I am too much in the sun.“ (I, 2, 67)[26]

Wortspiele dieser Art werden von Hamlet häufiger benutzt, sodass der Leser sich des Eindrucks nicht erwehren kann, dass dem Königssohn diese Wortspielerei sehr gefällt. Als weiteres Beispiel sei Hamlets Zwiesprache mit Polonius angeführt, in der Hamlet in seinem gespielten Wahnsinn den Hofsekretär einen „fishmonger“ (II, 2, 173) nennt. Während das COD dieses Wort als „a person or shop that sells fish or food“ definiert, wird im elisabethanischen Englisch ein „fishmonger“ folgendermaßen erklärt: “Fishmonger may mean a go-between in illicit love, A seller of women for immoral purposes.”[27]

---

26 Hier muss darauf aufmerksam gemacht werden, dass die Reclam Ausgabe die Schreibweise „son“ mit Anführungszeichen gebraucht, während die englischen Ausgaben die Schreibweise „sun“ bevorzugen.

27 Lott, S. 68.

Vergleiche

Während Hamlet sich mit den Wortspielereien eher über seine Gesprächspartner lustig macht, drücken „similes“ eher seine Verzweiflung bzw. seine Hochachtung seinem Vater gegenüber aus. Ein Simile wird dann angewendet, wenn ein Vergleich hergestellt werden soll, wie in folgender Passage:

> “– married with my uncle
> my father’s brother, but no more like my father
> Than I to Hercules” (I, 2, 151–153)

Hamlet will mit diesem Vergleich zum Ausdruck bringen, dass er unfähig ist – im Gegensatz zu Herkules, dem Gott der unermesslichen Stärke –, seine jetzige Situation zu meistern. Dieser Vergleich wird in der Regel durch Wörter wie „like“ oder „as“ hergestellt. Im Gespräch mit seiner Mutter verklärt Hamlet seinen Vater fast als „Göttervater“ (siehe III, 4, 54–57).

Monologe

Blick ins Innere

Die Seelenqualen, die Hamlet in tiefe Depression stürzen, werden besonders durch seine Monologe zum Ausdruck gebracht. Hier wird dem Publikum ein ungeschminkter Blick ins Innere des Protagonisten gewährt. In dem vielleicht tiefsinnigsten (und weltbekannten) Monolog fragt sich Hamlet, ob es besser sei, die Dinge so zu belassen, wie sie sind, also den König nicht zu töten und alles zu ertragen, oder dagegen Hand an sich selbst anzulegen, was wiederum dem göttlichen Gebot widerspricht. Hamlet macht sich Gedanken über das Leben nach dem Tod. Die seelische Qual bleibt: “To be or not to be, that is the question” (III, 1, 56–88). Die Metapher „native hue of resolution“ – die natürliche Farbe des (eigenen) Entschlusses – zeigt an, wenn das Gesicht die gesunde Farbe verliert und bleich wird, ist auch der Körper krank (III, 1, 83). Wenn Hamlet über seine Situation reflektiert, kommt er nicht umhin, sich selbst als „Feigling“ zu bezeichnen. Hamlet weiß, dass die Aufgabe, der er eigentlich durch den Spruch seines Geist-Vaters nachgehen soll, ihn überfordert und ihn nicht zum Helden, sondern zum Statisten macht.

Wortneuschöpfungen

Entlehnungen aus dem Französischen

Laut OED online ist es eine ganze Reihe von Wörtern, die zum ersten Mal im Drama *Hamlet* erschienen sind. Shakespeare scheint sich darin zu gefallen, Wörter, die er aus der französischen Sprache entlehnt, in das Drama einzufügen. Zwei Wörter sollen an dieser Stelle Erwähnung finden. Da ist zum einen das Wort „parle“ (I, 1, 62), das wir heute als „parler“ aus dem Französischen kennen und mit „to speak“ übersetzen. In demselben Akt, Zeile 57, findet sich das Wort „avouch“, das den Weg in Shakespeares Vokabular über das Altfranzösische „avochier“ laut OED genommen hat und so viel wie „affirm“ (bekräftigen) bedeutet.

Auch wenn es schwer zu belegen ist, kommt der amerikanische Wissenschaftler Alfred Hart zu der Feststellung, dass etwa 170 neue Wörter in *Hamlet* registriert seien, wobei er sich im Wesentlichen auf das Oxford English Dictionary stützt.[28]

---

28 Hart, S. 249.

3.7 Interpretationsansätze

ZUSAMMEN-FASSUNG

Hamlet geht zwar auf eine mythische Geschichte aus der dänischen Sagenwelt des 12. Jahrhunderts zurück, vermittelt aber deutliche Einblicke in die Geschichte Englands um 1600. Es wird daher bei den Interpretationsansätzen zu berücksichtigen sein, dass ein Drama wie *Hamlet* viele Möglichkeiten bietet, sich dem Stück zu nähern.
Zum einen ist es die politische Lage in England, die mit der Situation Dänemarks in Verbindung gebracht wird, denn Shakespeare hat zwar eine Geschichte aus dem 12. Jahrhundert als Vorlage gewählt, aber keineswegs die augenblickliche politische Situation in England aus den Augen verloren. Shakespeare hat selbst miterlebt, dass Essex aufgrund seiner Rebellion gegen die Königin auf dem Schafott landet. Und der Tod der katholischen Königin von Schottland, Mary, wird auch bei Shakespeare Spuren hinterlassen haben. All diese Ängste, die Theaterbesucher wie Dramatiker selbst erlebt haben, lassen daher Themen erwachsen, die heute anders gesehen und interpretiert werden als damals. **Der politische Ansatz** sowie Hamlets **antic disposition/madness** standen ganz oben auf der Agenda.
Andererseits erfreuen sich heutzutage zwei Ansätze eines besonderen Reizes: Aus unserer Sicht des 21. Jahrhunderts ist ein Thema wie **„Feminismus bei *Hamlet*"** nicht nur aktuell, sondern ein fester Bestandteil der neuesten Literatur. Nicht weniger faszinierend wird der Ansatz der Psychoanalytiker zu diskutieren sein, der dem Thema **Ödipus-Komplex** neue Aspekte – wenn auch nicht immer allgemein akzeptierte – entlockt hat.

Der politische Ansatz – Claudius, der Machtpolitiker

Parallelen zur Zeitgeschichte

Hamlets Dänemark kann mit dem England um 1600 verglichen werden. Die Elisabethaner lebten fortwährend in der Angst, von den katholischen Mächten Frankreich und Spanien angegriffen zu werden. Dass es 1588 einen grandiosen Sieg gegen die Armada gab, lag nicht an der so gerühmten Königin, sondern an der strategischen Ausrichtung ihrer Chefplaner, Lord Howard of Effingham und seinem Stellvertreter, Sir Francis Drake. Hamlets Dänemark erlebt ebenso unruhige Zeiten. Die Soldaten Marcellus und Bernardo bewachen das Schloss Elsinore, da sich das Gerücht hält, der Norweger Fortinbras nähere sich der dänischen Grenze. Umso erfreuter ist Claudius, als er von dem Gesandten Voltemand hört (II, 2, 60–80), dass sich eine kriegerische Auseinandersetzung mit Fortinbras erübrigt, da er nur durch Dänemark nach Polen marschieren wolle.

Dafür investiert Claudius seine Zeit, um das seltsame Verhalten Hamlets erforschen zu lassen. Dabei sollen ihm die früheren Schulfreunde Hamlets, Rosencrantz und Guildenstern, „behilflich" sein. Selbst Gertrude weiß ihre Dienste zu schätzen (II, 2, 20–26) und die beiden ehemaligen Schulfreunde lassen jegliche Befangenheit vermissen. Sie drehen ihre Fahne nach dem Wind (II, 2, 29–32).

Überwachungsmethoden

Diese Überwachungsmethode ist uns noch in schmerzhafter Erinnerung. Die „Stasi" hatte das „Denmark principle" perfektioniert. Keineswegs weniger zimperlich verfährt Lord Burghley, der höchste Staatsbeamte unter Elizabeth I. Polonius ist ein gelungener Abklatsch dieses Lords. Während Polonius seinen Sohn in Paris observieren lässt, heißt es von Burghley: "Burgley possessed most of the shortcomings Shakespeare gave to Polonius ... moreover, he had an elaborate spy system that kept him informed about friend and foe."[29]

---

29 Guerin, S. 43.

Diesen politischen Realitäten hat Hamlet wenig entgegenzusetzen. Laut Bertolt Brecht hat Hamlet sich von der Regel, Rache zu üben, als Student in Wittenberg, eigentlich schon entfernt: "At the Protestant University of Wittenberg Hamlet has learned to reject feudal notions of revenge and to use instead reason and conscience."[30]

Politische Intrigen

Die politische Intrige feiert unter leitender Mitwirkung des Königs fröhlichen Ursprung. Denn unter Mithilfe Laertes', des erzürnten Rächers seines Vaters, sieht Claudius seine Chance gekommen, seine Machtposition zu festigen: "King: Requite him for your father / Laertes: I will do't / And, for that purpose, I'll anoint my sword." (IV, 7, 138 f.)

Selbst Mutter Gertrude wird in dieses politische Ränkespiel einbezogen. Ob wissentlich oder aus Versehen nimmt sie einen Schluck aus dem Becher vergifteten Weines (V, 2, 277).

Das Haus der Familie Hamlet hat ausgedient. Der neue Herrscher hat Dänemark ohne einen Hieb oder Stich für sich gewonnen: Fortinbras.

Hamlets „antic disposition" – Wahnsinn als Waffe?

Hamlet steht vor der Aufgabe, einen Auftrag seines Geist-Vaters ausführen zu müssen. Mit der Aussage "But know, thou noble youth, / The serpent that did sting thy father's life / Now wears his crown." (I, 5,38–40) hat Hamlet erfahren, dass sein Vater eines unnatürlichen Todes gestorben ist. Er muss nun des Nachts seine Runde ziehen, bis ihm Erlösung gewährt wird (I, 5, 10–13). Bis zu diesem Zwiegespräch mit seinem Geist-Vater weiß Hamlet nur, dass seine Mutter sich kurz nach dem Tod des Ehemannes mit ihrem früheren

30 Gibson, S. 93.

Schwager verehelicht hat. Dieser Vorgang hat ihn ungemein erregt, was in seinem ersten Monolog thematisiert wird. (I, 2, 129–159).

Wahnsinn als Tarnung

Für ihn heißt es jetzt, zwei Vorgänge zu „bearbeiten“: einerseits, das ungehörige Verhalten seiner Mutter zu monieren, zum anderen die detektivische Aufgabe, seinen Onkel als Mörder zu entlarven. Der soeben aus Wittenberg zurückgekehrte Student Hamlet würde sofort Schiffbruch erleiden, wenn er den Regenten auf dem dänischen Thron mit diesem ungewissen Wissen eines angeblichen Mordes bezichtigen würde. Diese Erkenntnis lässt in ihm einen Plan reifen, den er zur Erreichung seines Zieles ausgedacht hat: Er muss beim König den Eindruck erzeugen, er sei „nicht mehr richtig im Kopf“, was er auch nur Horatio anvertraut (I, 5, 169–179). Schon laut Aussage der Wachen, die glauben, zusammen mit Horatio in der Nacht zuvor eine Geistererscheinung gesehen zu haben, die sehr dem alten König ähnelt (I, 2, 199–202), kommt Hamlet zur Überzeugung, dass da irgendwie „foul play“ (I, 2, 256) vonstattengeht. Allerdings weiß er noch nicht, was auf ihn zukommt. Horatio hat aufgrund der Erscheinung eine Vorahnung, die er den Wachen gegenüber ausspricht: “He waxes desperate with imagination” (I, 4, 87).

Hamlets Wahnsinn irritiert seine Mitmenschen

Hamlets Plan steht. Als er von seinen ehemaligen Schulfreunden Rosencrantz und Guildenstern erfährt, dass über das Land ziehende Schauspieler dem Schloss ihre Aufwartung machen wollen, handelt er (II, 2, 308 f.). Der König wiederum freut sich, dass sich die beiden ehemaligen Schulfreunde Hamlets uneingeschränkt für ihn zur Verfügung stellen, um Hamlets geistige Verfassung, die seinem Onkel sehr merkwürdig vorkommt, näher zu erforschen.

Hamlet spürt, dass dieses Treffen keineswegs zu einer „reunion party“ ausarten wird und macht seinen ehemaligen Kollegen sogleich klar, dass er nur bei „north-north-west“-Wind wahnsinnig sei (II, 2, 363 f.). Einen gewissen Wahnsinn bei Hamlet meint auch

Polonius und Ophelia

der eifrige Gefolgsmann des Königs, Polonius, entdeckt zu haben. Seine Tochter muss ihre wohl früher für Hamlet empfundenen Gefühle auf Geheiß des Vaters und des Bruders unterdrücken. Hamlet nähert sich Ophelia in einer Art und Weise, die sie zusammenzucken lässt (II, 1, 75–83). Aufgrund dieser Szene, die Hamlet Ophelia gegenüber spielt, glaubt Polonius, der auch noch frühere Liebesbriefe Hamlets an Ophelia in Händen hält, nur zu einer Schlussfolgerung gelangen zu können: "That hath made him mad" (II, 1, 109).

Seine Mutter

Hamlet darf, nachdem er glaubt, Claudius des Mordes mittels des „Spiels im Spiel" – The Murder of Gonzago – überführt zu haben, im Gemach seiner Mutter ein Gespräch mit ihr führen. Für Gertrude gibt es im Verlauf des Gesprächs zwei Gründe, an Hamlets geistiger Verfassung zu zweifeln: Zum einen tötet er aufgrund eines Geräusches hinter dem Vorhang den dort lauschenden Polonius, zum anderen spricht dieser anscheinend mit der Wand, da nur Hamlet den Geist in ihrem Zimmer sieht (III, 4, 124–129). Trotz dieser für Gertrude unerklärlichen Vorgänge bittet Hamlet die Mutter inständig: "Lay not that flattering unction to your soul / That not your trespass but my madness speaks, / It will but skin and film the ulcerous place / Whiles rank corruption, mining all within, / Infects unseen" (III, 4, 145–149). Gertrude soll sich also nicht der Illusion hingeben, dass er wahnsinnig ist, um sich ihrem eigenen Verbrechen (Inzest) nicht stellen zu müssen. Während Hamlet mit Engelszungen auf seine Mutter einredet, hat Claudius bereits Vorsichtsmaßnahmen gegen seinen Stiefsohn eingeleitet, der ihm langsam, aber sicher unheimlich wird. Hamlet soll nach seinem Willen mit Rosencrantz und Guildenstern nach England fahren (III, 3, 1–4).

Hamlets Geisteszustand steht auch zur Diskussion, als Gertrude mit ihrem Ehemann Claudius die Situation bespricht. Noch kann Hamlet seinen gespielten Wahnsinn aufrechterhalten. Seine Mutter scheint Claudius gegenüber zu betonen, dass Hamlet wahnsinnig ist (IV, 1, 6–8), obwohl dieser noch in ihrem Gemach das Gegenteil angegeben hat. Die Frage bleibt offen, ob Gertrude ihren Sohn mütterlich schützen will oder ob sie vermutet, dass Hamlet wirklich dem Wahnsinn verfallen ist. Nichtsdestoweniger hat sich Claudius entschieden. Hamlet wird in Begleitung von Rosencrantz und Guildenstern nach England gesandt und beiden gibt er außerdem eine klare Direktive mit auf den Weg: "Delay it not, I'll have him hence to-night" (IV, 3, 53).

Neue Phase der Auseinandersetzung Hamlet–Claudius

Mit Hamlets „Abschiebung" nach England beginnt eine neue Phase in der Auseinandersetzung zwischen Claudius und Hamlet. Hamlet muss sich nicht mehr verstellen und Claudius entledigt sich zunächst eines möglichen Konkurrenten um den Thron. Als Hamlet durch Zufall den Brief an den englischen König im Gepäck seiner Begleiter liest, wird ihm klar, dass der „Showdown" unvermeidlich ist.

Ophelias Wahnsinn

Wahnsinn erfasst in Abwesenheit Hamlets eine Person, von der man diese Krankheit nicht unbedingt erwartet hat: Ophelia. In Schloss Elsinore, dem Symbol der Eingeschlossenheit, spielt sich ein Schicksal ab, das die Anwesenden unendlich traurig stimmt: Als Ophelia einen Raum im Schloss betritt, mimt Claudius den einfühlsamen Mitmenschen: "Divided from herself and her fair judgement / Without the which we are pictures or mere beasts" (IV, 5, 82 f.).

Die Ursache für ihren Geisteszustand kann als Ergebnis der Ermordung ihres Vaters durch Hamlet angesehen werden, kann aber auch darin begründet sein, dass sie unter dem Druck der patriarchalischen Familienstruktur leidet. Außerdem wissen wir nicht, warum ihre Mutter, die möglicherweise ausgleichend hätte eingreifen können, nicht mehr unter den Lebenden weilt.

Sicherlich ist nach diesen Vorkommnissen Harold Blooms Ausspruch bedenkenswert, wenn es um die Beurteilung Hamlets und seiner Beziehung zu Ophelia geht. Er behauptet: "We do not believe Hamlet when he blusters to Laertes that he loved Ophelia."[31]

V. Akt: Hamlet legt seinen Wahnsinn ab

Dieser Behauptung muss man nicht unbedingt folgen, einleuchtend dagegen ist seine Aussage, dass Hamlet wie ausgewechselt im letzten Akt vor uns tritt. Seine Aufgabe, den Tod des Vaters zu rächen, scheint nicht mehr oberstes Gebot für ihn zu sein.

Dass Hamlets gespielter Wahnsinn plötzlich im letzten Akt nicht mehr so wichtig erscheint, ja sogar verblasst, gibt durchaus einen Anreiz zum Nachdenken. Wir kennen die Abläufe des fünften Aktes (Hamlets Unterhaltung mit dem Bestatter, das Auffinden des Schädels von Yorick, Ophelias Beerdigung und das Degenduell) und fragen uns zu Recht, warum Hamlet plötzlich davon Abstand nimmt, dem König weiterhin den Wahnsinnigen vorzuspielen. Bloom hat eine simple Erklärung dafür: "By the start of Act V he no longer needs to remember: the ghost is gone, the mental image of the father has no power."[32]

Das Fazit kann daher nur lauten: Hamlet hat sein Ziel erkannt, der Augenblick zum Zuschlagen nach der für Claudius schockierenden und unerwarteten Rückkehr aus England ist nah und seine „antic disposition" nicht mehr vonnöten. Dass aber das Endergebnis dazu führt, dass drei weitere Personen sterben, mag Shakespeares Plan gewesen sein, der Thematik und Zuschauerinteresse immer zu verbinden verstand. Eine Rachetragödie ohne eine Menge Leichen wäre ohne Zweifel unzeitgemäß gewesen.

Hamlet und der Ödipus-Komplex

Das gerade vergangene Jahrhundert hat eine Interpretationsmethode in den Vordergrund gestellt, die Furore gemacht hat: die Psychoanalyse. Mit dieser Methode soll menschliches Verhalten interpre-

---

31 Bloom, S. 409.
32 Ebd., S. 405.

tiert werden. Sigmund Freud, der Begründer der Psychoanalyse, behauptet, dass die Persönlichkeit ein Ergebnis unbewusster und irrationaler Wünsche ist. Ein weiterer Vertreter dieser Sparte ist der Amerikaner Ernest Jones, der sich in seiner Schrift *Hamlet and Oedipus*[33] aus dem Jahr 1910 ebenso mit dieser Thematik auseinandergesetzt hat.

Unterdrückter Ödipuskomplex als Ursache für Hamlets Verhalten

Jones vertritt die These, dass Hamlets Zögern, seinen Onkel zu töten, eher anhand von internen als externen Umständen zu erklären sei. In seinem Essay erläutert er seine sehr interessante Fallstudie zu *Hamlet*. Er unterstellt Hamlet, ein Psychoneurotiker zu sein, der an manisch-depressiver Hysterie leidet, was seine Ursache in einem unterdrückten Ödipuskomplex hat. Jones sagt, dass Shakespeare die Schuld des Königs als auch Hamlets Auftrag als Rächer von Anfang an klar und deutlich aufzeigt – natürlich nur, wenn wir die Worte des Geist-Vaters als bare Münze nehmen.

Jones geht noch weiter. Hamlets Ekel über das Verhalten seiner Mutter und sein Zögern, Claudius zu töten, erklärt er als unbewusste Unterdrückung einer sexuellen Begierde zu seiner Mutter. Jones stellt fest, dass Hamlets Zögern, den Racheakt zu vollziehen, der Tatsache Rechnung trägt, dass Claudius Hamlet zuvorgekommen ist: Der König hat das getan, was Hamlet selbst zu tun beabsichtigte: den Vater zu töten, um seine Mutter zu gewinnen.

So zögert Hamlet seine Rache soweit hinaus, bis er schließlich in der Schlussszene durch den Tod seiner Mutter zum Handeln gezwungen wird. In dem Essay betont Jones auch, dass es eine Erklärung dafür gibt, dass Hamlet zum Frauenhasser wird: Es ist seine – fast panische – Angst vor einem Geschlechtsverkehr. So drastisch dies auch klingen mag, für Jones ist es ein unschlagbares Argument. Er glaubt, dass Hamlets unterdrückte Feindseligkeit sei-

---

33 Jones, S. 53.

nem Vater gegenüber darin begründet ist, dass dieser den „Kampf" um die Zuneigung der Mutter gewonnen hat.

➪ S. 106

Dieser Essay von Ernest Jones zeigt auch seine Auswirkung auf den Film *Hamlet* von und mit Laurence Olivier aus dem Jahr 1948. Nach Oliviers Interpretation ist das große Bett Gertrudes nicht zu übersehen und symbolisiert sowohl Hamlet, den Sohn, als auch Hamlet, den Liebhaber.

Schwer zu beweisender Ansatz

Dass dieser psychoanalytische Ansatz seine Schwächen hat, liegt schon darin begründet, dass er nur schwer zu beweisen ist. Aber da sich die Psychoanalyse mit menschlichen Ängsten auseinandersetzt, ist sie in den Diskussionen um *Hamlet* offensichtlich äußerst „up-to-date".

Der feministische Ansatz

Seit den 70er-Jahren des vergangenen Jahrhunderts gibt es Interpretationen, die sich unter ganz bestimmten Aspekten mit einer feministischen Auslegung von Dramen und anderen Literaturzweigen beschäftigen. Sie legen ihr Hauptaugenmerk auf die weiblichen Charaktere, die Shakespeare in seinen Dramen portraitiert. In *Hamlet* sind dies insbesondere Gertrude und Ophelia.

Gertrude

Über Gertrude bekommt man eigentlich aus Männersicht immer nur zu hören, was Hamlet ihr wegen ihrer überhasteten Heirat mit Claudius vorwirft und das in einem außerordentlichen erregten Zustand: "You cannot call it love, for at your age / The heyday in the blood is tame, it's humble / And waits upon the judgement" (III, 4, 67–69). Das sind Äußerungen eines jungen Mannes, der sich, so sagen die Psychoanalytiker, heftig darüber erregt, dass seine Mutter einen anderen Liebhaber als ihn selbst vorzieht. Zudem verstößt Gertrude gegen die Wertvorstellungen der Zuschauer um 1600, die Inzest abstoßend fanden. Diese Erfahrung basiert letztlich auf dem Wissen um die Geschehnisse aus der Zeit Heinrichs VIII. So ist auch zu verstehen, dass Elizabeth I. nicht viel von einer Heirat hält, obwohl sie oft genug von ihren Beratern dazu gedrängt wird: "I hate marriage, she told Lord Sussex, for reasons that I would not divulge to a twin soul."[34]

Gertrude wird aber das genaue Gegenteil untergeschoben. In der gängigen Kritik unterstellt man ihr gern, eine Nymphomanin zu sein, ohne dafür einen Beweis antreten zu können. Auf jeden Fall kann ihre Aussage nicht als Zeugnis für eine Erotomanin ausgelegt werden: "O Hamlet, speak no more, / Thou turn'st my eyes into my very soul, / And there I see such black and grainèd spots / As will not leave their tinct." (III, 4, 87–90)

Gertrude als Sexualobjekt der drei Gegenspieler Hamlet, Ghost, Claudius

Es sind die tiefen, schwarzen Flecken, die Gertrude als schwere Bürde ihres Verhaltens in diesem Augenblick zu entdecken scheint, woraus man ihr aber nicht unterstellen kann, dass es sich um ein bewusstes Verhaltensmuster handelt. Das sieht Rebecca Smith ebenso: "Gertrude's words and acts interest the audience because, obviously, she is of extreme interest to the combatants in the play – the Ghost, Hamlet and Claudius – all of whom see her literally and in quite heightened Terms as a sexual object."[35]

Smith stellt daher mit einer gewissen Berechtigung fest, die man teilen kann oder auch nicht: "Gertrude ... is a soft, obedient, dependent, unimaginative woman who is caught miserably ... between two 'mighty opposites' ... by divided loyalties to husband and son."[36]

Ophelia

Darf man Gertrudes Verhalten als „abhängig und gehorsam" interpretieren, was mit Sicherheit dem Ideal der patriarchalischen Gesellschaft zu Shakespeares Zeiten entspricht, so lässt sich Ophelias Verhalten während Hamlets fast schon abstoßendem Auftritt

---

34 Strachey, S. 17.
35 Smith, S. 92.
36 Ebd., S. 80.

Schwach und hilflos?

(III, 1, 90–147) ebenso erklären. Denn, so sagt Elaine Showalter in ihrem hochinteressanten Essay: “For most critics of Shakespeare, Ophelia has been an insignificant minor character in the play, touching in her weakness and madness but chiefly interesting, of course, in what she tells us about Hamlet.”[37] Wenn wir dieser Aussage zustimmen, verstehen wir auch den Schock, den Hamlets unbeherrschte Aktion, ihren Vater zu töten, bei Ophelia auslöst. Mag man ihr Verhalten, ihre Unterwürfigkeit ihrem Vater gegenüber aus heutiger Sicht nur kopfschüttelnd zu Kenntnis nehmen, er ist und bleibt ihr Hafen der Sicherheit, dem sie alles andere unterordnet, selbst dann noch, als sie von ihm aufgefordert wird, sich von Hamlet fern zu halten (I, 3, 127/132–136). Die väterliche – drohende? – Aufforderung mag als Anstoß für das weitere Verhalten Ophelias angesehen werden. Denn, als Hamlet dafür sorgt, dass Polonius aus dem „Spionagezirkel“ am Hofe ausscheidet und sich ihr gegenüber über Gebühr schlecht benimmt, bricht sie unter der Last der Hilflosigkeit zusammen.

Es ist fast ein Paradoxon, wenn Elaine Showalter trotzdem festhält: “Though she is neglected in criticism, Ophelia is probably the most frequently illustrated and cited of Shakespeare’s heroines.”[38]

---

37 Showalter, S. 113 f.
38 Ebd., S. 114.

4. REZEPTIONSGESCHICHTE

ZUSAMMENFASSUNG

Shakespeare starb im Jahre 1616 als bei seinen Zeitgenossen anerkannter Dramatiker und Poet. Im ausgehenden 18. Jahrhundert und im frühen 19. Jahrhundert gab es Tendenzen, die den Barden aus Stratford zum „gleichberechtigten" Poeten neben Goethe und Schiller zu machen versuchten. Es erwuchs auf deutschem Boden eine Begeisterung für den „deutschen" Engländer, die seinesgleichen sucht.
Das Drama *Hamlet* hat zu verschiedenen Zeiten unterschiedliche Reaktionen ausgelöst: Euphorie bei Goethe, (teilweise) Ablehnung bei Vertretern des Jungen Deutschland und des Vormärz, Vereinnahmung des Dramas durch beide deutschen Staaten nach dem Zweiten Weltkrieg.

Shakespeare-Rezeption

Im Folgenden wird ein Überblick über die gigantische „Shakespeare-Eulogy" in den deutschen Landen gegeben, um nachvollziehen zu können, was der Dramatiker aus Stratford auf deutschem Boden bewirkt hat. Roger Paulin hat Folgendes geschrieben: "The casual observer of German literature might be forgiven for assuming that Shakespeare was virtually unknown in Germany before about 1740."[39] Wenn man von den Aufführungen von Wandertruppen absieht, die schon im 17. Jahrhundert Dramen „frei nach Shakespeare" auf den Markt gebracht hatten, so begann um die Mitte des 18. Jahrhunderts die Begeisterung für den Barden aus Stratford in einem

Sehr große Begeisterung

39 Paulin (2003), S. 18.

Ausmaß, das wir uns heute nicht mehr vorstellen können. Noch gab es kein Fernsehen und auch keine Telegramme. Wenn also ein englischer Schriftsteller über die Grenzen des Königsreichs hinaus bekannt werden sollte, dann nur, weil Schauspieltruppen sein Werk auf dem Kontinent bekannt gemacht haben.

Erste Übersetzung 1751

Überraschend in diesem Zusammenhang ist sicherlich, dass die erste Übersetzung eines Shakespearedramas am Hofe des in Herrenhausen bei Hannover geborenen Georgs II. in London vorgenommen wurde. Der preußische Gesandte Caspar Wilhelm von Borck übersetzte 1741 das Drama *Julius Caesar* in gereimte Alexandriner, eine Versform, die sich seit der Zeit der Renaissance bei den französischen Klassikern großer Beliebtheit erfreute.[40]

Kontrapunkt zum französischen Drama

Dass man plötzlich den Engländer Shakespeare ins Herz geschlossen hatte, mag mit dem Ausgang des 30-jährigen Krieges zu tun haben, unter dem besonders die deutschen Lande zu leiden hatten; es darf auch ohne Zweifel als Kontrapunkt zum französischen Drama und dem dort besonders gepflegten Klassizismus angesehen werden.

Wenig freundlich kann man die Worte König Friedrichs II. von Preußen nennen, der es sich nicht nehmen ließ, auf Französisch (später ins Deutsche übersetzt) das Wirken Shakespeares zu kritisieren: „Die ganze Versammlung [das sind die Zuschauer] findet ein ausnehmendes Vergnügen daran, diese lächerlichen Farcen anzusehen, die nur würdig wären, vor den Wilden von Canada gespielt zu werden.“[41]

Im Gegensatz zur französischen Tradition, die mit Racine und Voltaire zwei außerordentlich berühmte Vertreter im Dramenfach hatte, wollten nun die Romantiker in Deutschland eine Abkehr von

---

40 Blinn, S. 12.
41 Blinn, S. 151.

der klassisch-griechischen Dramenstruktur. Ein Beispiel sei hier angemerkt.

Gotthold Ephraim Lessing lässt in seinem 17. Brief, „die neueste Litteratur betreffend" aus dem Jahr 1759 Folgendes anklingen: „Er hätte aus unsern alten dramatischen Stücken, welche er [Gottsched] vertrieb, hinlänglich abmerken können, daß wir mehr den Geschmack der Engländer, als der Franzosen einschlagen; daß wir in unsern Trauerspielen mehr sehen und denken wollen, als uns das furchtsame französische Trauerspiel zu sehen und denken gibt."[42]

Absolute Autorität Shakespeares

Mit dieser Aussage Lessings begann in Deutschland ein durchaus gewünschtes Gegenmodell „im damals geführten literarischen Disput. In der Tat: Shakespeares Autorität wird so eilfertig und inbrünstig angerufen, weil sie eine absolute ist, sein Name kann beliebig eingesetzt werden".[43]

Im Jahre 1766 veröffentlichte Christoph Martin Wieland 22 Dramen Shakespeares, denen auch eine Prosafassung zugrunde liegt, die leider später von der Schlegel-Tieck'schen Übersetzung vom Markt der Leser verdrängt wurde.

Begeisterung Goethes

Bevor allerdings diese Gesamtausgabe der Shakespeare-Dramen erschien, hatte Johann Joachim Eschenburg zum ersten Mal alle Dramen des Barden mit Verbesserungen der wielandschen Übersetzungen für das Lesepublikum veröffentlicht. Das war im Jahr 1777 (ein Rest kam noch im Jahr 1782 hinzu), mitten in der Sturm-und-Drang-Periode. Eine kleine Anmerkung zu all diesem Bestreben, den Barden ins Deutsche zu übersetzen, hat Goethe in seiner Euloge zum „Schäkspear Tag" 1771 angefügt: „Die erste Seite, die ich in ihm las, machte mich auf Zeitlebens ihm eigen ... ich erkannte,

---

42 Lessing, S. 71 f.
43 Bauer, S. 159.

ich fühlte aufs lebhaffteste meine Existenz um eine Unendlichkeit erweitert."[44]

Schlegel/Tieck: Fassung in Blankvers

Schon im Jahr 1797 hat August Wilhelm Schlegel angefangen, die Dramen Shakespeares zu übersetzen, aber erst als Ludwig Tieck die von Schlegel nicht zu Ende geführten Übersetzungen weiterführte, nahm das Werk seine spätere Form an, das heißt, zum ersten Mal wurden Shakespeares Dramen in Blankverse gegossen. Aber Ludwig Tiecks Arbeit wurde fast um ihren Lohn gebracht. Ein weiterer Übersetzer saß Tieck im Nacken. Johann Heinrich Voß (1751–1826) hatte sich in der Zwischenzeit (um 1805) ebenfalls mit den Dramen des Barden beschäftigt und wurde für Tieck zu einer ernstzunehmenden Konkurrenz: "Tieck's edition proceeded in fits and starts. Only as the Voss translation came to a triumphant conclusion did Tieck secure the services of Wolf von Baudissin (who did thirteen play), apportioning the remaining six to his daughter Dorothea."[45] Die gesamten Werke Shakespeares in deutscher Übersetzung konnten nach diesen Anstrengungen im Jahre 1833 erfolgreich veröffentlicht werden.

Zenit der Begeisterung

Mit dieser Übersetzung von August Wilhelm Schlegel, den man zu seiner Zeit zum Kreis der Romantiker zählte, und in Zusammenarbeit mit Ludwig Tieck, dessen Tochter Dorothea und Wolf Heinrich Graf Baudissin hat die Begeisterung für den Barden in Deutschland ihren Zenit erreicht. Natürlich werden immer wieder eigenständige Übersetzungen von Ensemblemitgliedern einer Schauspieltruppe (z. B. der Bremer Shakespeare Company) angefertigt, allein um Geld zu sparen, was für manches Ensemble sehr wichtig ist.

Eine Erwähnung darf an dieser Stelle nicht fehlen. Nachdem die Blankversübersetzung von Schlegel/Tieck für jedermann zugäng-

---

44 Blinn, S. 99.
45 Paulin (2003), S. 345.

lich war, machte sich die im Jahr 1864 gegründete Deutsche Shakespeare Gesellschaft unter ihrem damaligen ersten Vorsitzenden Hermann Ulrici an die Arbeit, die nun vorliegende Gesamtausgabe der Shakespeare-Dramen sorgfältig neu zu bearbeiten. Roger Paulin weist dabei noch auf eine Besonderheit hin: "It bears very strongly the mark of the 'Schlegel-Tieck', although Ulrici used it as a replacement for Dorothea Tieck's version of 1831."[46] Dramen wie *Coriolan, Timon von Athen, Die beiden Veroneser, Das Wintermärchen, Macbeth* und *Cymbeline*, wurden von Ulrici nicht als besonders gelungen in Dorothea Tiecks Übersetzung angesehen, sodass er sie nicht unbesehen für eine neue Edition übernehmen wollte.

Übersetzungsschwierigkeiten

In einem Gespräch mit dem „Tagesspiegel" gibt der Theatermann und Übersetzer Frank Günther seine Probleme beim Übersetzen kund: „Wenn man dann so ein sinnloses Wortspiel vor sich hat, das im Englischen vor 400 Jahren einmal gut funktioniert haben mag, aber im Deutschen leider überhaupt nicht funktioniert, dann kann man es leider nicht einfach streichen, sondern muss daran sitzen bleiben."[47]

Hamlet-Rezeption in Deutschland 1776 bis 2010

Die Rezeption des *Hamlet* in Deutschland kann in drei Abschnitte untergliedert werden: Wir sprechen von einer romantischen, einer vormärzlichen und einer Nachkriegsrezeption dieses Dramas (also nach 1945), das den Deutschen anscheinend so lieb geworden ist.

Erste *Hamlet*-Inszenierung in Wien

Fast 160 Jahre nach Shakespeares Tod fand in Wien eine erste *Hamlet*-Inszenierung statt (am 16. Januar 1773), die nach der Bearbeitung von Franz Heufeld Hamlet nicht zugrunde gehen sah, sondern ihn nach „getaner" Arbeit obsiegen ließ, hatte er doch

---

46 Paulin (2003), S. 365.
47 *Der Tagesspiegel*, 9. 2. 2008.

das Auftreten des Fortinbras, Ophelias Wahnsinn und die Totengräberszenen schlicht und einfach eliminiert. „Diese verstümmelte Fassung wurde von Friedrich Ludwig Schröder … mit weiteren Änderungen am 20. September 1776 in Hamburg aufgeführt, auch Schröders Bearbeitung ließ Hamlet nicht untergehen, sondern den Thron besteigen."[48]

Jubel beim deutschen Theaterpublikum

Das Ergebnis dieser Streichung hatte den Erfolg, den sich der Regisseur vorgestellt hatte: „Das deutsche Theaterpublikum [begann] dieses Stück zu bejubeln."[49] Der Auslöser für diese Euphorie war schnell gefunden. Kein geringerer als Goethe sorgte dafür, dass das Drama seinen Einfluss nahm wie kein zweites Stück. „Der Hamlet wird sofort sein Lieblingsstück, mit dem er sich leidenschaftlich identifiziert … er redet sich ein, dieser ‚interessante Jüngling' sei erst dadurch schwermütig geworden, dass das Schicksal etwas von ihm verlange, was seine Kraft übersteige."[50]

Parallelen zwischen Hamlet und Goethe?

Dieser Einfluss des Theater-Hamlets auf die deutsche Jugend der damaligen Zeit war außerordentlich beträchtlich, was Muschg auf seine Weise kommentiert: „Dieser Hamlet, der ratlos zwischen Freiheit und Unfreiheit schwankt und die Schuld an seinem Zaudern einer höheren Macht zuschieben darf, ist ein Selbstportrait des frühweimarischen Goethe."[51] Diese Aussage Muschgs hat natürlich einen zeitgeschichtlichen Hintergrund: Goethe hatte *Wilhelm Meisters Lehrjahre* geschrieben und darin das Verhalten Hamlets erläutert. Zudem muss man sich an den Zustand in den deutschen Landen erinnern: Man sprach zwar von „Deutschland", aber jeder wusste, dass Deutschland ein politischer Flickenteppich bis zu sei-

---

48 Muschg, S. 34.
49 Ebd., S. 34.
50 Ebd., S. 37.
51 Ebd., S. 39.

ner Einigung im Jahre 1871 war. Es ist daher zu verstehen, dass Muschg unter diesen Umständen klar und deutlich festhält: „Die Autorität Goethes und die geistige Situation Deutschlands in der Epoche der Französischen Revolution erklären es, dass die *Hamlet*-Deutung im Wilhelm Meister kritiklos geglaubt und der Sinn dieses Dramas dadurch für ein ganzes Jahrhundert verdunkelt wurde."[52]

Skepsis im Vormärz

Die *Hamlet*-Rezeption in Deutschland beginnt sich erst mit einem Aufsatz Ludwig Börnes (1786–1837), Theaterkritiker und Schriftsteller, zu ändern, der „das vergötterte Werk ablehnte."[53] Ein weiterer Vertreter der skeptischen und vormärzlichen Generation war G. G. Gervinus, der in seinem Band *Shakespeare* (1849) nicht nur herbe Kritik an den Romantikern übt, sondern mit Hamlet eine Person kritisiert, die zum „Symbol der gescheiterten Revolution"[54] von 1848 wird.

Freiligraths Gedicht *Hamlet*

Noch einmal versucht ein Deutscher des Vormärzes den *Hamlet* politisch zu analysieren. Kein geringerer als Ferdinand Freiligrath hatte 1844 ein Gedicht (*Hamlet*) geschrieben, das leicht missverstanden werden konnte.

Deutschland ist Hamlet! Ernst und stumm
In seinen Toren jede Nacht
Geht die begrabne Freiheit um
Und winkt den Männern auf der Wacht …

Das kann von Freiligrath noch als „Glaubensbekenntnis" im Sinne der Romantiker angesehen werden, obwohl sich schon der Vormärz in den deutschen Landen durchgesetzt hatte. Aber da sich Laertes nach Frankreich zum Studium orientiert hatte, musste in

---

52 Ebd., S. 42.
53 Ebd., S. 46.
54 Loquai, S. 6.

diesem Jahr 1844 noch einmal der missliebige Feind jenseits des Rheins für einen deutschen Patriotismus herhalten, den wir heute endgültig als überwunden ansehen können. Der Krieg der Preußen gegen die Franzosen von 1871 stand der ungeeinten Nation noch bevor, sodass die Zeilen, die diesem Anfang folgen, nur unter der preußisch-französischen Feindschaft zu verstehen sind:

> Noch ist es Zeit – drein mit dem Schwert,
> Eh' mit französischem Rapier
> Dich schnöd vergiftet ein Laert!

Die Deutschen – zögerlich wie Hamlet?

Aber schon am Schluss des Gedichtes gibt Freiligrath zu verstehen, dass die Deutschen seiner Meinung nach nie recht aus den „Startlöchern" der Politik getreten sind und sich eher zögernd auf der großen Bühne der politischen Machenschaften verhielten, was am Schluss seines Gedichtes deutlich ausgesprochen wird:

> Doch – darf ich schelten, alter Träumer?
> Bin ich ja selbst ein Stück von dir,
> Du ew'ger Zauderer und Säumer![55]

Diesen letzen Zeilen kann auch Manfred Pfister zustimmen, wenn er Deutschlands Situation mit den Worten zusammenfasst: „Deutschland ist weiterhin Hamlet, aber nun macht dies nicht mehr Deutschlands Größe, sondern sein Elend aus. Alles, was Goethe und die Romantiker an Hamlet bewundert hatten, wird nun zum Symbol für Deutschlands Malaise."[56]

---

55 Freiligrath, Ferdinand: *Hamlet*. In: Ilberg, Werner (Hrsg.): Werke. 4. Aufl. Berlin 1980, S. 74–76. Freiligrath lebte von 1810 bis 1876. An seine Schaffensperioden erinnert u. a. heute noch das Freiligrathhaus in Unkel am Rhein.

56 Pfister, S. 21.

Nachkriegszeit: Suche nach Wahrheit

Der „Literaturstreit" um *Hamlet* wird unter ganz anderen Aspekten nach 1945 fortgeführt. Es geht nicht mehr darum, ob Hamlet Deutschland sei, sondern nach dem verheerenden Weltkrieg um die Suche nach der Wahrheit. Einem der großen Philosophen der Nachkriegszeit, Karl Jaspers, geht es im Jahr 1947 darum, eine Antwort auf die Frage nach dem „Mühen um Wahrheit"[57] zu finden. Das sah er als wichtigste Aufgabe auch bei der Analyse des *Hamlets* an und kam daher zu dem Schluss: „Das ganze Drama ist das Wahrheitssuchen Hamlets."[58]

DDR

Aber nicht nur Karl Jaspers sah eine neue Aufgabe bei der Lektüre des *Hamlets* auf die Leser zukommen, sondern die beiden deutschen Staaten versuchten, ihre Deutung dieses Dramas jeweils aus ihrer Sicht zu kommentieren. In der DDR hatte man sich dem *Hamlet* ganz und gar verschrieben, sodass es sich Alexander Abusch als stellvertretender Vorsitzender des Ministerrates der DDR nicht nehmen ließ, anlässlich der Shakespeare-Tage in Weimar 1964 die besondere Wertschätzung seiner Regierung zu diesem Drama zum Ausdruck zu bringen und dementsprechend feststellte, dass „Hamlet als heldenmütiger Kämpfer gegen ein korruptes Feudalsystem"[59] kämpfe. In der Bundesrepublik hingegen hatte sich ein Regisseur-Shakespeare durchgesetzt (z. B. Zadeck, Peymann etc.), deren Inszenierungen nicht staatsgelenkt, sondern oft so einseitig-subjektiv ausfielen, dass sie nicht immer Anklang beim Publikum fanden. Manfred Pfister sprach von „profilierungsbesessenen Regiepultstars".[60] Über die Anmerkung Maximilian Schells in seinem Festvortrag von 1981 kann man sogar schmunzeln: „Ein Jammer, dass

Bundesrepublik

57 Loquai, S. 11.
58 Jaspers, S. 937; Loquai, S. 12.
59 Pfister, S. 28.
60 Ebd., S. 33.

Hamlet in Wittenberg studierte. Das verführte eine ganze Nation, ihn für sich zu beanspruchen."[61]

So versuchte schließlich jede Seite, Shakespeare und insbesondere *Hamlet* für sich „gewinnbringend" zu interpretieren, wobei es eigentlich nur um ideologische oder Regieeinfälle geht, die vom Theaterpublikum entweder nur erduldet oder abgelehnt werden können.

Inszenierung Heiner Müllers

Am deutlichsten „profilierte" sich bei diesem Versuch Heiner Müller, der im Wendejahr 1989 nach halbjähriger Probenarbeit einen *Hamlet* auf die Bretter des Deutschen Theaters in Berlin stellte. Als man ihn nach seinen Motiven befragte, bekamen die Journalisten folgende frappierende Antwort zu hören: „Was wäre jetzt ... ein aktuelles Stück in der DDR? Da fiel mir nur der ‚Hamlet' ein. Ein Stück, das mit Staatskrisen zu tun hat, mit zwei Epochen und einem Riß zwischen den Epochen ... Das Alte geht nicht mehr, das Neue schmeckt auch nicht."[62]

Hamlet hat es bis heute geschafft, das Theaterpublikum zu faszinieren, allein schon deswegen, weil das Drama immer wieder sowohl die Regisseure als auch die Schauspieler anhält, ihre Interpretationen des Stücks so zu gestalten, dass nicht „Deutschland ist Hamlet" dabei herauskommt, sondern ein Nachdenken über die Entscheidungsfreudigkeit des Individuums in einer feindlichen oder gleichgültigen Gesellschaft.

Wichtige *Hamlet*-Verfilmungen des 20. Jahrhunderts

Sobald ein Regisseur die Absicht hegt, einen *Hamlet*-Film zu drehen, steht immer wieder die Frage an: Was und wie viel vom Text kürze ich?

---

61 Schell, S. 26.
62 „Badische Zeitung" 24./25. 3. 1990; Pfister, S. 14.

Laurence Olivier

Laurence Olivier wurden gerade 150 Minuten für eine *Hamlet*-Verfilmung zugestanden, als er sich 1948 mit diesem Projekt beschäftigte. Schon 1937 hatte er sich mit der psychoanalytischen Deutung dieses Dramas auseinandergesetzt. Diese Beschäftigung setzte er mit den Plänen zum Film weiter fort: „Olivier's film ... firmly grounded in the Freud/Jones reading of Hamlet ... incorporates the central insights of that reading."[63] Aufgrund der Vorgaben übernahm er nur etwa die Hälfte des Textes und veränderte ihn: Nach dem berühmten Monolog „To be or not to be", in voice-over gesprochen, folgt nicht etwa die Auseinandersetzung mit Ophelia, sondern er baut sie an anderer Stelle ein, wobei sowohl Polonius als auch der König, hinter einem Vorhang verborgen, dem teils sehr hitzig geführten Gespräch zuhören, was durch Ophelias Blicke in Richtung Vorhang immer deutlicher zum Ausdruck kommt. Es darf noch darauf aufmerksam gemacht werden, dass Olivier diesen Film mit sich selbst in der Hauptrolle im Alter von 40 Jahren drehte, seine Mutter Gertrude (Eileen Herlie) aber gerade 28 Jahre alt war!

Franco Zeffirelli

Franco Zeffirelli drehte seinen *Hamlet* im Jahre 1990 mit Mel Gibson in der Hauptrolle und beginnt den Film sogleich mit einer sehr eigenwilligen Einführung: Er lässt Gertrude (Glenn Close) am Grab ihre Mannes Hamlet Senior in Tränen ausbrechen und so sehr schluchzen, dass man ihre spätere Feststellung zum Ablauf des Lebens eines Menschen nicht mehr nachvollziehen kann (siehe I, 2, 72 f.). Mel Gibson hat sich schauspielerisch gewandelt. Er ist Hamlet, der sich von der überstürzten Ehe seiner Mutter tief gekränkt fühlt und in einer verlogenen Atmosphäre am Hof durch den Geist zum Rächer auserkoren wird, an seinem Auftrag aber zum Zauderer wird.

---

63 Donaldson, S. 31.

Kenneth Branagh

Kenneth Branagh geht allen Fallstricken einer Kürzung aus dem Weg, er hält sich fast ausschließlich an den Text der First Folio. Seine vollständige, über vierstündige Fassung arbeitet mit Flashbacks und Überblendungen zur bildlichen Verdeutlichung des Textes, seine Besetzung ist international, der Erfolg hingegen fiel schwächer aus als gedacht.

BBC-Verfilmung
→ S. 104 f.

Den ganz großen Erfolg heimst die BBC ein. Ihre Fernseh-Verfilmung des Dramas in Zusammenarbeit mit der Royal Shakespeare Company mit David Tennant in der Hauptrolle wurde zum Fernsehereignis des Jahres 2009 und erhielt in allen Zeitungen hervorragende Kritiken. Regisseur Greg Doran hat außerdem mit Patrick Stewart einen ausgezeichneten Claudius an seiner Seite und lässt das Geschehen am Hof noch durch eine Videokamera „überwachen“, was der Fernsehfassung zusätzlich einen bösartigen Charakter verleiht.

5. MATERIALIEN

Die große Phase der Tragödien und Charaktere

Mit dem Drama *Hamlet* hat Shakespeare seine Phase der großen Tragödien begonnen. Obwohl er sich auf Quellen stützt, die ihm einen Rahmen für die Gestaltung des Ganzen geben, hat er einen Charakter geschaffen, über den die Fachwelt noch immer diskutiert. Wolfgang Clemen gibt Ratschläge an den interessierten Leser/Schüler, die überlegenswert sind:

Hinauszögerungen als Strukturelement

„Beim Eindringen in die Kunst der Szeneführung und des Aufbaus wird dem Leser auch aufgehen, wie sehr in diesem Meisterwerk Gehalt und Gestalt, formale und inhaltliche Aspekte verwoben sind und sich gegenseitig bedingen. Um nur ein Beispiel zu nennen: Der Aufschub der Tat, als Charakterproblem wie als Handlungsmotiv zum geistigen Kern des ganzen Stückes gehörend, wird zum Strukturelement der Komposition, welche bei der Einführung auch von Einzelmomenten und Vorgängen sich wiederholt des Hinauszögerns, des Aufschiebens bedient. Man vergleiche z. B., wie nicht nur das Erscheinen des Geistes, sondern auch die schließliche furchtbare Eröffnung, die er Hamlet zu machen hat, mehrfach hinausgezögert und von langer Hand vorbereitet wird. (I, 1–I, 5)."[64]

---

64 Clemen, S. 242.

Publikum und elisabethanisches Theater

Stimmt das überlieferte Geschichtsbild von dem „verständnisvollen und begeisterten elisabethanischen Publikum" mit der Wirklichkeit überein? Bettina Boecker nimmt dazu kritisch Stellung:

Grobschlächtiges, unkultiviertes Publikum?

„Normverstöße des ‚Barden' werden durchaus eingeräumt, gleichzeitig aber dadurch entschärft, dass ein Schuldiger dingfest gemacht wird, der eben gerade *nicht* Shakespeare selbst ist, sondern das grobschlächtige, unkultivierte elisabethanische Theaterpublikum, dessen Ansprüchen der Dramatiker gerecht werden muss. Ob die ursprünglichen Zuschauer im *Globe* tatsächlich so unverständig und ungehobelt waren ... ist eine Frage, die bis heute nicht abschließend beantwortet werden kann. Die wenigen überlieferten Aussagen stammen entweder von den frühneuzeitlichen Dramatikern selbst oder von ihren erklärten Gegnern, den Puritanern."[65]

Shakespeare in der Tradition der Moderne

Shakespeare im 20. Jahrhundert

Auch der polnische Shakespeareforscher Jan Kott hat sich seine Gedanken darüber gemacht, was eigentlich den Reiz einer Shakespeareaufführung im 20. Jahrhundert ausmacht:

„Hamlet ist weder ein philosophischer noch ein moralischer noch ein psychologischer Traktat. Hamlet ist Theater. Das bedeutet, er ist ein Szenarium mit Rollen. Aber wenn er ein Szenarium ist, so muss man mit der Frage des Fortinbras beginnen. Denn Fortinbras ist es, der über das Szenarium Hamlets entscheidet. Ich stelle mir die analytischen Proben Hamlets unter einem modernen Regisseur so

---

65 Boecker, S. 270.

vor: der Regisseur lässt seine Schauspieler an einem runden Tisch Platz nehmen und sagt: ,Wir werden den Text weder verändern noch verbessern – wir wollen versuchen, so viel wie möglich von dem Text zu bringen, so viel wie man in dreieinhalb Stunden bringen kann. Wir werden uns jede Streichung genau überlegen. Wir wollen versuchen, einen modernen Hamlet zu zeigen, und mit der peniblen Deskriptivität des 19. Jahrhunderts brechen.'"[66]

Identitätsprobleme Hamlets im Zusammenhang mit seiner Familie

Hamlet wird nach seinen Wutausbrüchen gegenüber Ophelia und später gegenüber seiner Mutter Gertrude als Frauenhasser angeprangert. Seine Persönlichkeit hat sich verändert. Wolfgang G. Müller hat eine plausible (?) Erklärung:

Identitätsbruch

„Dass Hamlets Identität von den Veränderungen in seiner Familie – dem Tod des Vaters und der hastigen Wiederverheiratung der Mutter – beeinflusst wird, zeigt bereits die zweite Szene des Dramas, in der sich Hamlet angewidert von seiner Mutter und seinem Stiefvater abwendet und seinen toten Vater mit Bezug auf Figuren der antiken Mythologie wie den Sonnengott Hyperion zu einer Lichtgestalt idealisiert. Durch die Enthüllungen des Geistes in der 5. Szene wird Hamlets Erschütterung ins Extrem geführt. Dass er nach der Begegnung mit dem Geist als eine veränderte Person erscheint, ist sicher im hohen Maße strategisch bedingt. Hamlet muss sich verstellen und Wahnsinn simulieren, um König Claudius zu täuschen, aber dieses Verhalten ist auch als Identitätsbruch zu verstehen. Nach dem, was er über die Verderbtheit im innersten

---

66 Kott, S. 90 f.

Bereich seiner Familie erfahren hat, kann er nicht mehr derselbe sein."[67]

On Hamlet

In einem Programmheft aus dem Jahre 1978 zu einer Aufführung von *Hamlet* in dem berühmten Old Vic Theatre in London gibt Charles Marowitz (*1934) seine persönliche Meinung über die Figur des Hamlet kund:

Verachtung für Hamlet

"I despise Hamlet. He is a slob, a talker, an analyser, a rationalizer. Like the parlour liberal or the paralysed intellectual, he can describe every facet of a problem, yet never pull his finger out. Is Hamlet a coward, as he himself suggests, or simply a poseur, a frustrated actor who plays the scholar, the courtier, and the soldier as an actor (a very bad actor) assumes a variety of different roles? And why does he keep saying everything twice? And how can someone talk so pretty in such a rotten country with the sort of work he's got cut out for him? You may think he's a sensitive, well-spoken fellow, but, frankly, he gives me a pain in the ass."[68]

Hamlet-Rezension aus dem Guardian 2008

Stimmige Fassung des Dramas

Wenn man die Rezension von Michael Billington liest, stellt man sehr schnell fest, dass dieser Mann von der Aufführung begeistert ist. Es hat in den letzten Jahren auch selten eine Gelegenheit gegeben, eine so stimmige Fassung diese Dramas sogar in Deutschland über

---

67 Müller, S. 140.
68 The Young Vic Theatre, S. 10. (Programmheft).

das Fernsehen mitzuerleben, allerdings erst gut ein Jahr später, am 2. Weihnachtstag 2009; für die Aufzeichnung zeichnete die BBC verantwortlich:

"Doran's production gets off, literally, to a riveting start: the first thing we hear is the sound of hammering and drilling as Denmark's night-working Niebelungen prepare the country for war. And our first glimpse of the chandeliered, mirrored, modern-dress court gives us an instant clue to Hamlet's alienation. Patrick Stewart's superb Claudius insultingly addresses Laertes's problems before those of Hamlet. And, urging Hamlet not to return to university, Stewart has to be publicly reminded that Wittenberg is the place in question. Immediately we sense Claudius's hostile suspicion towards, and cold contempt for, his moody nephew.

Patrick Stewarts brillianter Claudius

Tennant's performance, in short, emerges from a detailed framework. And there is a tremendous shock in seeing how the lean, dark-suited figure of the opening dissolves into grief the second he is left alone: instead of rattling off 'O that this too too sullied flesh would melt', Tennant gives the impression that the words have to be wrung from his prostrate frame. Paradoxically, his Hamlet is quickened back to life only by the Ghost; and the overwhelming impression is of a man who, in putting on an 'antic disposition', reveals his true, nervously excitable, mercurial self.

Herausragender Hamlet

This is a Hamlet of quicksilver intelligence, mimetic vigour and wild humour: one of the funniest I've ever seen. He parodies everyone he talks to, from the prattling Polonius to the verbally ornate Osric. After the play scene, he careers around the court sporting a crown at a tipsy angle. Yet, under the mad capriciousness, Tennant implies a filial rage and impetuous danger: the first half ends with Tennant poised with a dagger over the praying Claudius, crying:

'And now I'll do it.' Newcomers to the play might well believe he will."[69]

Der Ödipus-Komplex und seine Bedeutung in Laurence Oliviers *Hamlet*-Verfilmung

Rudolf Germer vertritt in seiner Analyse des Films von Olivier die psychoanalytische These, dass Hamlet zwar an einem Ödipus-Komplex leidet, aber nicht als Schwächling abgetan werden darf. Hier dürfte es sicherlich nach Betrachtung des Films unterschiedliche Auffassungen geben:

Psychoanalytischer Ansatz

„Olivier akzeptiert vorbehaltlos den durch Ernest Jones erweiterten Freudschen Deutungsversuch und setzt ihn konsequent um ... Der Freudsche Deutungsversuch ist gewiss ein ernstzunehmender Beitrag zur Erhellung des rätselhaften Stücks trotz aller Bedenken, die gegen ihn vorgebracht wurden. Mit dem psychoanalytischen Ansatz lassen sich nicht nur Hamlets Zögern, was die Erfüllung des Racheauftrags angeht, erklären und sein Verhältnis zu seiner Mutter und seinem Stiefvater, sondern auch seine Beziehung zu Ophelia und zu Horatio wie die übergroße Verehrung, die er seinem Vater entgegenbringt. Nach dieser Deutung kompensiert Hamlet mit der Verehrung, die er seinem Vater entgegenbringt, die eigene, auf den Ödipus-Komplex zurückgehende Tötungsabsicht. Der sexuelle Aspekt, der mit dem psychoanalytischen Ansatz verbunden ist, wird von Olivier konsequent ins Bild gesetzt ... Die Kamera wird treppauf und treppab durch das Schloss geführt, bis sie vor einem gewaltigen Bett verweilt ... Um die sexuelle Anziehungskraft, die

Sexueller Aspekt

69 Billington, Guardian.

von der Königin ausgeht, fühlbar zu machen, hat Olivier für diese Rolle eine attraktive Schauspielerin ausgewählt, die 13 Jahre jünger als er ist. Oliviers Hamlet ist also keineswegs von des Gedankens Blässe angekränkelt. Er ist kein hypersensibler Mensch, der vor lauter Denken das Handeln vergisst. Er ist athletisch, vital, männlich, energisch. Er vermag alles, nur das Eine nicht: den Rache-Auftrag zu erfüllen, weil ihn ein Ödipus-Komplex blockiert. Er leidet an keiner allgemeinen, sondern an einer spezifischen Abulie."[70]

Bertolt Brechts Vorstellung von einer gelungenen Shakespeare-Inszenierung

Bertolt Brecht hat sich ebenfalls sehr mit Shakespeares *Hamlet* beschäftigt und hat eine „historische Einkleidung" gefordert, um den Theaterbesucher zu „kritischer Distanz" zum Stück aufzufordern. Hören wir, was Andreas Fischer dazu ausführt:

Forderung nach kritischer Distanz

„Das Thema des *Hamlet* ist für Brecht also von höchster Aktualität, doch ist ihm seine historische Einkleidung ebenso wichtig. Nach seiner Theorie von der Zeigefunktion des Theaters müssen dem Theaterbesucher Stücke in einer Form dargeboten werden, die ihm eine emotionale Identifikation mit dem Bühnengeschehen verunmöglicht und ihn stattdessen zu kritischer Distanz und damit zu einem eigenen Urteil zwingt. Diese Distanzierung erfolgt durch Verfremdung, die mit Mitteln verschiedenster Art erreicht werden kann. Eines davon ist die historische Verfremdung, durch die ein aktuelles und vertrautes Thema in geschichtlicher und damit fremder, Neugierde erweckender Form dargeboten wird. Brecht hat in

70 Germer, S. 28 f.

seinen eigenen Werken mehrmals von diesem Mittel Gebrauch gemacht (vgl. als bekannteste Beispiele *Leben des Galilei* und *Mutter Courage und ihre Kinder*), und die Anziehungskraft, die der Hamlet-Stoff auf ihn ausgeübt hat, hängt zweifellos mit dessen Brauchbarkeit als ‚historisches Exempel' zusammen."[71]

71 Fischer, S. 47.

6. PRÜFUNGSAUFGABEN MIT MUSTERLÖSUNGEN

Unter www.königserläuterungen.de/download finden Sie im Internet zwei weitere Aufgaben mit Musterlösungen.

Die Zahl der Sternchen bezeichnet das Anforderungsniveau der jeweiligen Aufgabe.

Aufgabe 1 *

Is Hamlet's love for Ophelia really sincere? Discuss.

Mögliche Lösung in knapper Fassung:

It is difficult to answer this question. Before we are informed as to what really happened between these two persons we hear from her brother that it is highly unlikely that Hamlet will become her husband, as he is of princely blood. Laertes is absolutely sure that there are limits which cannot be surpassed: "For he himself is subject to his birth" (I, 3, 18). For the rather worried brother this explanation is 'watertight', at least for the time being. What we do not know is what kind of advances Hamlet may have made at Ophelia before the play begins.

The first time we hear about Hamlet and Ophelia is when she tells her father that Hamlet has come to her room, looking quite strange; she tells her father that "Lord Hamlet, with his doublet all unbraced ... comes before me" (II, 1, 76–82). To Polonius this is a sign of madness; he does not know that Hamlet is playing the madman in order to find out if Claudius has really murdered his beloved father. But nevertheless, Hamlet has become a kind of misogynist because he is furious of his mother's 'incestuous' behaviour as she has married his uncle only weeks after his father's death.

After losing faith in his dearly beloved mother he looks at Ophelia in a very critical way because he thinks that Ophelia is just another woman who behaves dishonestly – at least in his eyes. Do we therefore come to the conclusion that his love for Ophelia has never been sincere? The answer could be: he loved her as much as he could in the past. But at the moment he is so preoccupied in dealing with Claudius that he is not able to give his heart to any other person. Hamlet is not mentally strong enough to care for a woman in a loving way and, on the other hand, to wait for the moment to take the appropriate measures to murder his uncle.

When he tells her "to a nunnery, go" (III, 1, 147) – which could mean in Elizabethan English 'to a brothel' Ophelia is completely shocked and pities him with all her heart, "O, what a noble mind is here o'erthrown" (III, 1, 148). May she have been very irritated because of his behaviour, she is completely disheartened when she hears about the way her father has died, namely that Hamlet is responsible for the deed. She only knows that he is dead, she does not know that he was hiding behind an arras to overhear the conversation between mother and son.

In contrast to Gertrude, Ophelia, up to now, has been spared the unpleasant realities of life. We do not know what may have happened to her mother. Did she die while giving birth? Ophelia is young and motherless, so her father and brother have taken great pains to protect her against the atrocities of life. She returns her affections by showing great loyalty towards her father. But when he is dead, her physical strength comes to an end. She cannot cope with the traumatic events any longer and goes insane. Hamlet seems to be terribly shaken when he watches her burial and struggles with her brother, shouting: "I loved Ophelia, forty thousand brothers /

Could not with all their quantity of love / Make up my sum." (V, 1, 255–257)

In the end, what remains is an agonized cry of distress and deepest sorrow. If Hamlet did really love Ophelia – may she have committed suicide or not – remains Shakespeare's secret.

Aufgabe 2 **

Hamlet's situation before and after seeing the ghost.
How does he react? Discuss his behaviour.

Mögliche Lösung in knapper Fassung:

Imagine the following situation: there comes a young man from the university of Wittenberg to his home castle of Elsinore because his father has just died and is going to be buried. But what is he confronted with? His uncle and his mother have made up their minds and have married ...

He won't believe it. A marriage in a situation like this. It is quite clear that the young man is shocked: "How weary, stale, flat, and unprofitable / Seem to me all the uses of this world." (I, 2, 133 f.) The young man is deeply frustrated and – seen from his point of view – it is understandable that he may become a misygonist. His mother, he thinks, behaves like a slut.

First, there is the feeling that something has changed in his parent-child relationship: his beloved father is dead; second, his mother newly married, seemingly undisturbed, at least she does not show any sign of deep mourning, she even makes her son aware of the "fact" that every person who "lives must die / Passing through nature to eternity." (I, 2, 72 f.)

It depends when you hear these words on what kind of person you are. Hamlet is enraged, he is completely beside himself when he hears these words and as soon as this pompous king has left the hall together with his 'beloved queen' he begins to heap scorn on them: "Fie on't, ah fie, 'tis an unweeded garden / That grows to seed" (I, 2, 135 f.).

Hamlet is horrified at the thought that Gertrude has shown a complete lack of respect towards his highly admired father whom he calls "So excellent a king" (I, 2, 139). But he still does not know the details of his father's death. Nevertheless, he feels that something is totally wrong: "All is not well; / I doubt some foul play" (I, 2, 255 f.).

As soon as his ghost-father has talked to him he knows what his duty is: He must revenge his father's untimely death. But while infuriating himself he plainly and openly asks himself: "Am I a coward?" (II, 2, 549).

He is strong with words, but weak in action. And that exactly makes him ponder on his further steps. He calls his uncle "remorseless, treacherous, lecherous, kindless villain" (II, 2, 559), but tells us, his audience "That I, the son of a dear father murdered / Prompted to my revenge by heaven and hell, / Must like a whore unpack my heart with words." (II, 2, 561–563).

In other words, we have to ask ourselves what Shakespeare's reason might have been for Hamlet chiding himself so openly for the delay so far. Well, we have to state that there are the Elizabethan spectators who know that murdering a person is immoral. And Hamlet knows this. And without much ado, Hamlet comes to a conclusion that there are two sides to everything: On the one hand, he thinks of his father's demand to revenge him, on the other hand, he knows that vengeance is against the law of the church.

So we have pity with Hamlet's confusion and his sometimes uncontrolled temperament. Instead of killing his uncle, he kills Polonius. That happens in a state of rage and is regarded by him as an unlucky coincidence in contrast to the premeditated deaths of his former school friends, Rosencrantz and Guildenstern in England.

But to conclude this situation Hamlet is in, we can refer to the fact that at that time nobody knew a DNA or any other clue to detect a murder. It is his ingenious trick to stage "the play within the play" to establish the truth, but even this extraordinary spectacle does not stop him from delaying his plan.

The final step therefore is a giving and taking: Hamlet gives away his own life in order to end the life of his greatest enemy and so his brooding thoughts have, at last, come to an end.

Aufgabe 3 ***

Rosencrantz and Guildenstern as well as Horatio are three friends with whom Hamlet is closely related. Describe and interpret Hamlet's affability with them.

Mögliche Lösung in knapper Fassung:

The audience meets Horatio in the opening of the play. Marcellus and Bernardo, the Danish officers on guard at the castle, beg Horatio to speak to the apparition that came to visit the castle. He is asked by the officers to speak to the apparition because he is a most educated scholar and the only one among them qualified to speak in such an intimidating situation. This demonstrates they have great respect as far as Horatio is concerned. Horatio establishes his bravery during the opening by talking to the apparition "Stay, illusion! / If thou hast any sound or use of voice, / Speak to me." (I, 1, 127–129)

Rosencrantz and Guildenstern are introduced to the audience during the second scene of the second act. Hamlet went to school with Rosencrantz and Guildenstern. The first encounter that Hamlet has with Rosencrantz and Guildenstern is very significant. Hamlet greets the two by referring to them as his "excellent good friends" (II, 2, 220). Earlier in the play Hamlet greeted Horatio in a similar fashion. Although the exchange that Hamlet has with Horatio is similar to the one he has with Rosencrantz and Guildenstern, Hamlet feels uneasy from the start and is doubtful of their motives. What he, at the beginning, does not know is that his two former schoolmates and friends have been summoned to Court by Claudius and Gertrude to spy on Hamlet to find out why he behaves so foolishly. In a rather subservient tone Guildenstern says to the king: "We both obey, / And here give up ourselves ... To lay our service freely at your feet" (II, 2, 29–31). This conspiring goes on so long until Hamlet plainly asks them: "If / you love me, hold not off." (II, 2, 284 f.); their reply is short: "My lord, we were sent for." (II, 2, 286)

As the play continues, Horatio's loyalty to Hamlet becomes increasingly evident. Horatio was the one to tell Hamlet about his father's ghost that the men had seen the night before. When the ghost appears to Hamlet, it is Horatio who begs him not to follow the ghost, however Hamlet does not listen to him. Horatio is concerned with Hamlet's well being and wants nothing to happen to Hamlet when he talks to the ghost. Horatio, who was also one of Hamlet's schoolmates, vows to tell nobody about the apparition of the ghost.

While Hamlet can be sure of Horatio's friendship, he does not know, first of all, about Rosencrantz's and Guildenstern's "change of mind". They have never asked themselves why they behave so stupidly, nor have they questioned their motives.

Horatio's loyalty is with Hamlet, while Rosencrantz's and Guildenstern's loyalty is closely related to the royal family. Both of them eventually become puppets of the King. As a matter of fact, these former friends of Hamlet are attached to strings the King completely controls with a simple movement of his hand. They have "forgotten" their former relationship to Hamlet and are only interested in gaining prestige and respect by "rearranging" their loyalty to the king. This proves to be a tragic flaw that finally leads to their deaths.

During the second scene of the third act the players give a performance of *The Murder of Gonzago*. Hamlet asks for Horatio's assistance. Horatio agrees and is instructed to observe the King's reaction to a particular speech in the play. Hamlet is still doubtful about the apparition as he still thinks it could be a "damned ghost." The play repeats Claudius's murder of his brother. When the murder is described, Claudius gets up from his throne and shouts "Give me some light – away" (III, 2, 255). Everybody leaves the hall apart from Hamlet and Horatio who both agree that Claudius has expressed his guilt by his terrified reaction to the play. This is a highly significant sign to Horatio and Hamlet. Now they know that the ghost's accusations are true. At this moment in the play, Horatio becomes Hamlet's accomplice in uncovering the sad truth as to the King's guilt.

After the performance of *The Murder of Gonzago,* Claudius is determined to send Hamlet to England to get rid of him and his "madness". What nobody knows is that Claudius wants to send Hamlet to England because he poses the only threat to Claudius's position. In Claudius's opinion it is clear that Hamlet knows about the way his father died some weeks ago. Claudius turns to his faithful spies, and orders Rosencrantz and Guildenstern to accompany Hamlet to England. Again, Hamlet's former friends want to help the King to get rid of Hamlet. Hamlet is aware of the fact that his silly schoolmates conspire with the King.

The play reaches its climax when the fight between Laertes and Hamlet begins, although Horatio tries to persuade Hamlet to avoid the fight. During the sword fight, the queen suddenly collapses because of the poisonous wine – officially meant for Hamlet. Laertes and Hamlet are both wounded by the poisonous sword. Hamlet is furious when he hears from Laertes that his life will soon come to an end and in his fury he kills Claudius and asks Horatio to explain to posterity what has happened. Although Horatio is prepared to join Hamlet in death, he is warned by Hamlet not to do so: "Horatio … Thou livest, report me and my cause aright / To the unsatisfied." (V, 2, 322–324) So it will be Horatio who will insure that Hamlet's name will not be forgotten after his death.

Although Horatio is a simple nobleman, Hamlet considers him his best and only true friend. Horatio is a man of high morals, of great integrity, and special intelligence. In contrast to him, Rosencrantz and Guildenstern are typical representatives of disloyalty and dishonesty. They have betrayed a friend and have become a pawn in the hands of the King whose aim it was to eliminate Hamlet. Although no "prize" is given to Horatio for his absolute loyalty, he has managed to stay alive whereas Rosencrantz and Guildenstern are sent to their deaths as a result of their disloyalty and queer morals.

Aufgabe 4**

Gertrude seems to be rather superficial in her behaviour. Would you agree?

Mögliche Lösung in knapper Fassung:

Gertrude is a woman, we may say, who only thinks about herself and does not care or is unable to feel what other people might need or want. There have been rumours as to her behaviour when her husband, Old Hamlet, was still alive. But we can only guess that she may have been flattered by her brother-in-law's attitude towards her at that time. Shakespeare does not mention a word in this direction. We know that the period of Queen Elizabeth I was a patriarchal society in which women could only find their place when they were highly intelligent or very versatile. The Queen had often said of herself that she had the heart of a man.

Gertrude does not use such pretentious words, but her lack of deep feelings for someone cannot be denied. She seems at ease when she tells Hamlet without any sign of grief: "Thou know'st 'tis common – all that lives must die, / Passing through nature to eternity." (I, 2, 72 f.)

It is these words that may have been the beginning of Hamlet's misogyny. We may also conclude from these words that Gertrude is only aware of her position, i.e. she *was* and *is* the queen of the country. That Elizabethan audiences held other ideas regarding a person that was about to remarry was something that Gertrude might never have thought of because she was queen of Denmark and Shakespeare had taken his subject matter from a legend reaching back to the 11th century in Danish history.

When we take this for granted we can definitely say something about Gertrude as a female representative at court. She has a son she seems to love and has great hopes of seeing his future closely related to Ophelia, because she says to her: "And for your part, Ophelia, I do wish / That your good beauties be the happy cause / Of Hamlet's wildness" (III, 1, 38–40).

She talks in a rather romantic way about love and happiness without knowing that her husband, Claudius, is the cause of Hamlet's wildness or "antic disposition".

Her romantic views of love and happiness begin to change when Hamlet meets his mother in her chamber. He is so furious with her that she believes he may be going to kill her: "What wilt thou do? Thou wilt not murder me? / Help ho!" (III, 4, 20 f.) These last words turn out to have a terrible effect. The "listener" behind the curtain, Polonius, is about to come to help when Hamlet makes a pass through the arras and – willingly or unwillingly – kills the old man. When Hamlet recognizes what he has done he shouts at his mother, accusing her "A bloody deed – almost as bad, good mother, / As kill a king and marry with his brother." (III, 4, 27 f.) For the first time in her life she is shocked because Hamlet tells her what must have happened before her marriage to Claudius. She now has a vague feeling that something in her relationship with Claudius has gone completely wrong: But if her soul is really hurt is doubtful even when she pleads: "O Hamlet, speak no more. / Thou turn'st my eyes into my very soul, And there I see such black and grainèd spots / As will not leave their tinct" (III, 4, 87–90).

Although Gertrude seems to be remorseful she does not find a way of really understanding what a shocking deed happened to her former husband and she is absolutely amazed at Hamlet's behaviour, who talks to something on the wall as she does not see the ghost: "To whom do you speak this?" (III, 4, 130). He leaves his mother without answering her question but urges her not to go to the king's bed again.

She is unaware of the fact that Hamlet is only sent to England by Claudius to be eliminated. He is accompanied by Rosencrantz and Guildenstern who have letters telling the English king that Claudius wants "The present death of Hamlet." (IV, 3, 63)

Although Gertrude does not know anything of Claudius's machinations it may be her motherly instinct that finally makes her drink the poisoned cup when Laertes and Hamlet fight. She may suspect something in so far as the king may not be what she has thought of him up to now.

So, in the end, Gertrude offers Hamlet the cup of wine because she, his mother, is convinced that he will win the duel with Laertes. Claudius warns her not to drink the wine, but she happily shouts: "The Queen carouses to thy fortune, Hamlet." (V, 2, 275)

It is her greatest misfortune because seconds later her life has come to an end. It can be said that, as a mother, she has only wanted the best for her son, but her failure to judge her environment rightly causes the final tragedy.

LITERATUR

Zitierte Ausgabe:

William Shakespeare: *Hamlet*. Hrsg. von Holger Klein. Stuttgart: Reclam, 1993 (Universal-Bibliothek Nr. 9292).

Weitere Textausgaben:

William Shakespeare: *Hamlet*. Englisch/Deutsch. Hrsg. von Holger Klein. Stuttgart: Reclam, 2009 (Universal-Bibliothek Nr. 8243). → Mögliche Sprachschwierigkeiten werden durch eine sehr persönliche Prosaübersetzung zu erklären versucht.

William Shakespeare: *Hamlet*. Hrsg. von Levin Ludwig Schücking. Reinbek: Rowohlt, 1957. → Mit einem hervorragenden Essay *Zum Verständnis des Werkes* von Wolfgang Clemen und dem Hinweis von Levin Schücking, dass dieser Band von Michael Bernays überarbeitet worden ist. Bernays hat sich die Mühe gemacht, den von Schlegel und Tieck übersetzten Text auf Ungenauigkeiten zu überprüfen. Diese revidierte Ausgabe der Schlegel-Tieck'schen Shakespeare-Übersetzung erschien 1871/72.

William Shakespeare: *Hamlet*. Englisch-deutsche Studienausgabe (Engl./Dt.). Englischer Originaltext und deutsche Prosaübersetzung. Hrsg. von Norbert Greiner, Wolfgang G. Müller u. a. Tübingen: Stauffenburg Verlag, 2005. → Der 2008 erschienene Hamlet-Band ist von der Wissenschaft schon hinreichend für seine akribisch durchgeführte Arbeit gelobt worden. Der Leser unserer Zeit wird mit der modernen Übersetzung gut arbeiten können.

Sekundärliteratur/Deutsch:

Ackroyd, Peter: *Shakespeare – Die Biographie*. München: btb, 2008. → Von der englischen Presse hoch gelobter (The Independent: "You will not find a better book on Shakespeare") Wälzer. Auf 656 Seiten versucht Ackroyd einen Überblick über den Aufstieg Shakespeares vom „Stratford Boy" bis zum gefeierten und wohlhabenden Theaterbesitzer nachzuzeichnen. Das Buch gibt uns u. a. einen ausgezeichneten Einblick in das elisabethanische London mit seiner Katholiken-Problematik und in das Wirken von Shakespeares Vorgänger und Zeitgenossen Christopher Marlowe.

Bauer, Roger: *Die europäische Shakespeare-Rezeption im 18. Jahrhundert: Probleme für Komparatisten.* In: Jahrbuch Deutsche Shakespeare-Gesellschaft West (1985).

Blinn, Hansjürgen (Hg.): *Shakespeare-Rezeption. Die Diskussion um Shakespeare in Deutschland, Band 1: Ausgewählte Texte von 1741 bis 1788*. Berlin: Schmidt Verlag, 1982. Band 2: *Ausgewählte Texte von 1793 bis 1827*. Berlin, 1988. → Die Werke geben über die verschiedensten Strömungen in den damals noch von Königen oder Herzögen regierten deutschen Landen Auskunft. Von Herder, Wieland, Lessing, Goethe und Schiller hören wir, fast unisono, wie sich die deutschen Stimmen über die „richtige" Übersetzung der Shakespearedramen manchmal heftig stritten, dass selbst Goethe in seinem Beitrag *Shakespeare und kein Ende* 1813–1816 zu Papier gibt: „Die Versuche [auf deutschen Bühnen] durch eine vortreffliche genaue Übersetzung [gemeint ist August Wilhelm Schlegel] veranlasst, wollten nirgends gelingen ... so wird Shakespeare in wenigen Jahren ganz von der deutschen Bühne verdrängt sein, welches denn auch kein Unglück wäre, denn der einsame oder gesellige Leser wird an ihm desto reinere Freude empfinden." (Blinn, Band 2, S. 191.)

Bloom, Harold: *Shakespeare. Die Erfindung des Menschlichen.* 2 Bände. Berlin: Berliner Taschenbuchverlag, 2002. → Blooms Auslegung der Dramen hat sowohl Befürwortung als auch Ablehnung gefunden.

Boecker, Bettina: *Das elisabethanische Publikum: Formen und Funktionen eines Konstrukts der Shakespearekritik im 18. Jahrhundert.* In: Roger Paulin (Hg.): Shakespeare im 18. Jahrhundert. Göttingen: Wallstein Verlag, 2007.

Bryson, Bill: *Shakespeare – wie ich ihn sehe*. München: Goldmann, 2010. → Das Buch hat sich zum Ziel gesetzt, von dem Leben und Wirken William Shakespeares zu berichten, aber nur das zu schreiben, was aus nachvollziehbaren Quellen über den Barden aus Stratford berichtet wird.

Clemen, Wolfgang: *Zum Verständnis des Werkes*. In: William Shakespeare: *Hamlet.* Hrsg. von Levin Ludwig Schücking. Reinbek: Rowohlt, 1957. S. 230–246.

Fischer, Andreas: *Hamlet als Historie? Überlegungen zu Brechts Deutung von Shakespeares ‚Hamlet'.* In: Jahrbuch Deutsche Shakespeare-Gesellschaft West (1978).

Germer, Rudolf: *Möglichkeiten und Grenzen der Shakespeare-Verfilmung*. In: Jahrbuch Deutsche Shakespeare-Gesellschaft West (1978).

Häublein, Renata: *Die Entdeckung Shakespeares auf der deutschen Bühne des18. Jahrhunderts: Adaption und Wirkung der Vermittlung auf dem Theater.* Tübingen: Niemeyer, 2005. → Gut lesbar, schließt eine wichtige Lücke in der Forschung der Shakespeare-Rezeption.

Jaspers, Karl: *Von der Wahrheit*. München 1947 (Philosophische Logik 1).

Kott, Jan: *Shakespeare heute*. Frankfurt: Büchergilde Gutenberg, 1965. → Hamlet: S. 77–93.

Leisi, Ernst: *Problemwörter und Problemstellen in Shakespeares Dramen*. Tübingen: Stauffenburg Verlag, 1997. → Hamlet: S. 370–386. Ernst Leisi versucht in diesem Band Stellen zum Drama zu erklären, die nicht unbedingt in den Annotationen erscheinen. Ein Buch für Leser mit einem Hang zum literaturhistorischen Tiefgang.

Lessing, Gotthold Ephraim: *Briefe, die neueste Litteratur betreffend*. 17. Brief (1759). In: Hansjürgen Blinn (Hg.): Shakespeare-Rezeption. Die Diskussion um Shakespeare in Deutschland, Band 1: Ausgewählte Texte von 1741 bis 1788. Berlin: Schmidt Verlag, 1982.

Loquai, Franz: *Hamlet und Deutschland*. Stuttgart/Weimar 1993.

Mehl, Dieter (Hg): *Das englische Drama*. 2 Bände, Düsseldorf: Bagel, 1970. → Zweiteilige Ausgabe über das englische Drama vom Mittelalter bis zur Neuzeit. Hier ist für viele LeserInnen und Lehrende eine Flut an Ideen zu finden, die sich mit Hamlet insbesondere auf den Seiten 157–183 beschäftigt. In seinem Essay kommt Mehl u. a. zu dem Ergebnis, dass „die Tötung des Königs ein fast beiläufig vollzogenes Ereignis (ist), eine schnelle Affekthandlung, von der wenig mehr abhängt, während in den meisten zeitgenössischen Rachetragödien der blutige Rachevollzug den schaurigen Höhepunkt des ganzen Geschehens darstellt." (S. 169)

Müller, Wolfgang G.: *Identität und Familienbeziehungen in Shakespeares ‚Hamlet'*. In: Ina Schabert (Hg.):Shakespeare Handbuch. Stuttgart: Kröner, 2000.

Muschg, Walter: *Deutschland ist Hamlet.* In: Shakespeare-Jahrbuch West (1965), S. 32–58.

Paulin, Roger (Hg.): *Shakespeare im 18. Jahrhundert*. Göttingen: Wallstein, 2007. → Der Band greift Themen wie „Probleme der Übersetzung", „Shakespeare in Deutschland", „Shakespeare in anderen europäischen Ländern" oder „Theater und Publikum" auf. Diese Beiträge sind entweder in deutsch oder englisch abgefasst. (18 Beiträge, davon fünf in englischer Sprache).

Pfister, Manfred: *Hamlet und der deutsche Geist*. In: Shakespeare Jahrbuch West (1992).

Schell, Maximilian: *... Deutschland ist nicht Hamlet*. In: Shakespeare Jahrbuch (1982).

Stuby, Anna Maria: *Feministische Shakespearekritik – Versuch einer Orientierung*. In: Dieter Herms und Thomas Metscher (Hg.): Shakespeare als Volkstheater – Bremer Shakespeare Company. Hamburg: Argument, 1988 (Gulliver, Band 24).

Vollmann, Rolf: *Shakespeares Arche*. Frankfurt am Main: Eichborn, 1990. → Ein eher schmunzelnd zu lesendes Buch; gibt die nötigen Informationen über Shakespeares Personen und Stücke. Ein Kompendium, das über Polonius folgende Aussage tätigt: „Vater des Laertes und der Ophelia, ein älterer Knabe, hart an der Schwelle zur Senilität, die er des öfteren auch überschreitet." (S. 380)

Sekundärliteratur/Englisch:

Adams, Richard: *Teaching Shakespeare.* London: Robert Royce, 1985.

Auden, W. H.: *Lectures on Shakespeare.* Ed. by Arthur Kirsch. London: Faber, 2000.

Badawi, M. M.: *Background to Shakespeare*. London and Basingstoke: Macmillan, 1981. → Sehr hilfreiches, gut zu lesendes und nützliches Werk über Shakespeare; besonders gefällt die Einführung in den „classical background".

Bate, Jonathan and Russel Jackson (eds.): *Shakespeare – An Illustrated Stage History*. Oxford University Press, 1996.

Billington, Michael: *Hamlet*. In: The Guardian, 7. August 2008.

Bloom, Harold: *Shakespeare. The Invention of the Human.* London: Fourth Estate, 1998.

Boagey, E. J.: *Starting Shakespeare*. London: Collins Educational, 1983. → Sehr gute und lebendige Einführung zu Leben und Werk Shakespeares; bietet Material an, das den Schülern beim Einstieg in ein Shakespeare Drama außerordentlich behilflich ist.

Bryson, Bill: *Shakespeare – The World as Stage*. New York: HarperCollins, 2007.

Carpenter, Humphrey: *Shakespeare Without the Boring Bits*. Harmondsworth: Penguin Viking, 1994. → Neun Dramen von einer handelnden Person sehr amüsant nacherzählt.

Cook, Patrick J.: *Cinematic Hamlet*. Athens: Ohio University Press, 2011.

Cudden, J. A.: *A Dictionary of Literary Terms.* Harmondsworth: Penguin, 1982.

Davis, Michael Justin: *The Landscape of William Shakespeare*. London and Exeter: Webb & Bower in association with Michael Joseph, 1987.

Dillon, Janette: *Shakespeare's Tragedies.* Cambridge University Press, 2007. → Hamlet: "The Ghost is indeed a dubious figure, and Hamlet's doubts about whether to trust its commands cannot be dismissed as mere prevarication" [Tatsachenverdrehung] S. 75.

Dobson, Michael and Stanley Wells: *The Oxford Companion to Shakespeare*. Oxford University Press, 2001. → Ein faszinierendes Nachschlagewerk/Lexikon. Was in diesem „Companion" über Shakespeares Dramen und berühmte Schauspieler bzw.

andere Akteure der englischen Bühne zusammengetragen worden ist, hat größte Aufmerksamkeit verdient.

Donaldson, Peter S.: *Shakespeare an Film/Shakespearean Directors*. Boston u. a.: Unwin-Hyman, 1990.

Drabble, Margaret: *The Oxford Companion to English Literature.* Oxford University Press, 1987.

Gibson, Rex: *Hamlet, Cambridge Student Guide*. Cambridge University Press, 2002. → Außerordentlich informativ. Insbesondere gefallen die Kapitel zum Leben unter Elizabeth I. und zur religiösen Problematik dieser Zeit.

Goddard, Harold C.: *The Meaning of Shakespeare*. Chicago: The University of Chicago Press, 1951. → Hamlet: S. 331–386. "Suppose Hamlet had taken over the throne of Denmark ... One thing certainly we can count on: he would have made a most unconventional monarch" (S. 384 f.).

Guerin, Wilfred L. et al.: *A Handbook of Critical Approaches to Literature.* New York: Harper Row, 1979.

Guy, John: *The Tudor Age (1485–1603)*. In: Kenneth O. Morgan (ed.): The Oxford Illustrated History of Britain. Oxford University Press, 1984.

Halliday, Frank Ernest: *A Shakespeare Companion*. Harmondsworth: Penguin, 1969.

Hart, Alfred: *The Growth of Shakespeare's Vocabulary*. In: Review of English Studies 19, no. 75 (1943).

Hodges, Walter C.: *Shakespeare's Theatre*. Oxford University Press, 1980.

Jones, Ernest: *Hamlet and Oedipus*. Garden City et al.: Anchor Books, 1949.

Lott, Bernard (Ed.): *Hamlet.* London: Longmans, 1968.

Muir, Kenneth: *The Sources of Shakespeare's Plays*. London: Methuen, 1977.

Nicholl, Charles: *The Lodger – Shakespeare on Silver Street.* London: Penguin Books, 2008.

Page, Nick: *The Tabloid Shakespeare*. London: Harper Collins, 1999. → Das Buch darf neben den Ausgaben von Badawi und Boagey auf keinem Lehrerschreibtisch fehlen. Ein passendes Buch für die heutige Zeit.

Paulin, Roger: *The Critical Reception of Shakespeare in Germany 1682–1914*. Hildesheim: Olms, 2003. → Mit hervorragender Akribie wird hier die kritische Rezeption der Shakespearedramen in den deutschen Landen von 1682 bis 1914 kritisch begleitet und gewichtet. Das Buch ist aber bisher nur in englischer Sprache erschienen. Sehr lesenswert.

Salingar, L. G.: *The Elizabethan Literary Renaissance*. In: Boris Ford: The Pelican Guide to English Literature 2. Harmondsworth: Penguin Books, 1955.

Showalter, Elaine: *Representing Ophelia: Women, Madness and the Responsibilities of Feminist Criticism*. In: Martin Coyle (ed.): New Casebooks: Hamlet. Houndmills: Macmillan, 1992.

Smith, Rebecca: *A Heart Cleft in Twain: The Dilemma of Shakespeare's Gertrude*. In: Martin Coyle (ed.): New Casebooks: Hamlet. Houndmills: Macmillan, 1992.

Strachey, Lytton: *Elizabeth & Essex*. Oxford University Press, 1981.

The Young Vic Theatre: (Programmheft) *Hamlet, Action Man*. 7. Oktober 1978, S. 10.

Audiovisuelle Medien:

Michael Wood: *In Search of Shakespeare* (DVD BBC 1299). → Sehr gutes DVD-Material; Ein „documentary film" der BBC in vier Folgen, der versucht, dem Geheimnis des shakespeareschen Lebens nachzugehen. In erheblicher Kleinarbeit geht

Michael Wood den vorhandenen Spuren nach, ohne allerdings das Rätsel um Shakespeare zu lösen.

The Animated Tales: Hamlet.

→ Als Einführung gedacht, dauert nur 25 Minuten und gibt einen guten Einstieg in das Drama.

Hamlet, BBC production, 2008 mit David Tennant.

http://75.101.149.73/wnet/gperf/files/2010/04/Hamlet-Teachers-Guide.pdf

→ Für den Film mit David Tennant von der Royal Shakespeare Company zusammengestelltes Lehrermaterial, u. a. The Opening Scene, The Role of the Players, Rosencrantz and Guildenstern etc.

Verfilmungen:

http://watershade.net/wmcclain/ws-movies.html#richardson

STICHWORTVERZEICHNIS